公路工程施工技术研究

郭广启 著

哈尔滨出版社

图书在版编目(CIP)数据

公路工程施工技术研究 / 郭广启著. -- 哈尔滨：哈尔滨出版社,2023.11

ISBN 978-7-5484-7671-9

Ⅰ.①公… Ⅱ.①郭… Ⅲ.①道路施工－工程技术－研究 Ⅳ.①U415.6

中国国家版本馆 CIP 数据核字(2023)第 245820 号

书　　名：公路工程施工技术研究

GONGLU GONGCHENG SHIGONG JISHU YANJIU

作　　者：郭广启　著
责任编辑：李金秋
装帧设计：钟晓图
出版发行：哈尔滨出版社(Harbin Publishing House)
社　　址：哈尔滨市香坊区泰山路 82-9 号　　邮编：150090
经　　销：全国新华书店
印　　刷：三河市嵩川印刷有限公司
网　　址：www.hrbcbs.com
E - mail：hrbcbs@yeah.net
编辑版权热线：(0451)87900271　87900272
销售热线：(0451)87900202　87900203

开　　本：710 mm×1000 mm　1/16　印张：10　字数：102 千字
版　　次：2023 年 11 月第 1 版
印　　次：2024 年 6 月第 1 次印刷
书　　号：ISBN 978-7-5484-7671-9
定　　价：68.00 元

凡购本社图书发现印装错误，请与本社印制部联系调换。

服务热线：(0451)87900279

目 录

第一章 绪 论 ·· 1
   第一节 公路工程施工概述 ··· 1
   第二节 公路工程施工的依据与程序 ·· 4
   第三节 公路的施工安全 ·· 13

第二章 施工准备与施工放样 ·· 21
   第一节 施工准备 ··· 21
   第二节 路线中线施工放样 ··· 25
   第三节 高程施工放样 ··· 29

第三章 路基施工 ··· 32
   第一节 路基填筑施工 ··· 32
   第二节 路堑开挖施工 ··· 42
   第三节 路基软基处理 ··· 54
   第四节 路基构造物施工 ·· 66

第四章 路面施工 ··· 84
   第一节 路面垫层施工 ··· 84

第二节 路面基层施工 …………………………………… 96

第三节 沥青路面施工 …………………………………… 109

第五章 交通设施施工 …………………………………… 125

第一节 交通标志与标线施工 …………………………… 126

第二节 交通安全设施施工 ……………………………… 136

参考文献 ………………………………………………………… 154

第一章 绪 论

第一节 公路工程施工概述

一、公路工程施工技术的特点

(一) 对公路建设的要求

随着世界各国经济技术的进步、公路交通事业的发展和人们物质需求的提高,人们对公路建设也提出了更高的要求,其主要表现在以下几个方面:

(1) 对公路功能的要求越来越高,如通行能力、承载能力及行车的安全性和舒适性等。

(2) 对公路整体线形、路容、路况的要求越来越高,特别是山区公路及旅游区公路,其路线与周围环境的协调性成为重要的评定条件。

(3) 对公路的环保要求越来越高,如对行车污染和噪声的限制等。

(4) 对公路的施工速度、施工质量和管理水平要求越来越高,施工中普遍采用自动化机械设备快速施工作业。

（二）公路工程施工的特点

公路是一种人工构造物，是通过设计与施工消耗大量的人工、材料和机械而完成的建筑产品。公路工程施工与一般工业生产及其他土木建筑工程施工（如房屋建筑）相比具有以下特点：

（1）公路工程是线形建筑物施工，施工面狭长，流动性大，临时工程多，施工易受到其他工程和外界的干扰，施工管理工作量大。

（2）公路施工系野外作业，受水文、气候、地质等自然条件的影响很大，特别是雨季和冬季的施工增加了许多困难，施工作业受到极大限制。

（3）公路经过的地形、地貌差别很大，致使工程量很不均匀，给各施工项目之间的协调工作带来困难。尤其是高等级公路的施工，其机械化程度要求高，各种新工艺、新材料、新技术应用广泛；征地、拆迁工作量大，占用土地多，涉及面广，施工干扰多，施工中的横、纵向协调工作量大，这就使施工的组织与管理更加严格。

（4）公路是永久性建筑，占用土地较多，一般不能拆除重建，再加上公路暴露于外界，长年经受行车荷载及环境因素的作用，而且公路建设项目复杂，工程投资大，任务艰巨，工期要求紧，因此对工程的质量要求尤为重要。

二、公路工程施工技术的发展趋势

公路工程施工的特点决定了公路工程施工的规律，只有客观研究并遵循这些规律，科学地组织公路工程施工，才能圆满地完成项目的施工任务。目前，公路工程施工技术正朝着机械化、自动化、标准化和工厂化方向发展。施工技术的发展将更好地满足设计要求，设计与施工的结合将更加密切。这主要表现在以下几个方面：

（一）施工方案

在公路工程施工方案的拟订和选择方面，将充分利用电子计算机和其他现代先进科技手段，综合考虑材料、机具、工期、造价等因素，进行方案优化，以获取最大的社会效益与经济效益。

（二）施工工艺

在土石方综合爆破、稳定（加固）土、旧有沥青和水泥混凝土再生、工业废料筑路及水泥、沥青、土壤外加（改性）剂等施工工艺方面将有突破性的进展。

（三）施工机械

在施工机械方面，将出现使用一条龙的单机配套机械和多功能的联合施工机械；为实现施工机械自动化，还将使用电子装置和激光技术，对施工现场进行遥控监测。

（四）施工检测技术

在施工检测技术方面，将广泛使用能自动连续量测动、静两种荷载作用下的路基、路面弯沉仪和曲率半径仪，研究使用冲击波、超声波测定公路结构的强度和弹性模量，并研究使用雷达波、同位素方法等测定密实度和厚度，以及使用电脑自动连续量测路面抗滑性能和平整度的仪器等。

（五）施工作业

在施工作业方面，将大量使用预制结构，使路基、路面施工，特别是人工构造物的施工实现标准化和工厂化。

（六）特殊路基施工

在特殊路基的施工方面，将充分应用生化技术，最大限度地利用当地材料。

（七）生态环境

各种环保和交通工程设施如声屏墙、减噪路面及绿化工程等的施工技术将提高到一个新的水平。

第二节　公路工程施工的依据与程序

一、公路工程施工的依据

（1）交通运输部现行的施工技术规范、操作规程、试验规程、质量检验评定标准等。

（2）工程项目的招标文件（项目专用本）及补遗书。

（3）工程项目的设计图纸及参考资料。

(4) 合同段工程现场考察情况及施工单位现有可投入工程的施工技术力量和机械设备。

二、公路工程施工的基本程序

施工企业投标取得公路工程施工项目后一般要经过接受施工任务、开工前的规划组织准备、施工现场条件准备、正式施工和竣工验收等基本程序。

(一) 接受施工任务

施工单位获得施工任务通常有三种方式：一是由上级主管单位统一接受任务，按行政隶属关系安排计划下达；二是经主管部门同意后，对外接受任务；三是自行对外投标，中标后获得任务。随着我国改革开放的深入和社会主义市场经济体制的形成与发展，施工任务将主要以参加投标的方式在建筑市场的竞争中获得。

接受工程项目的施工任务时，首先应查证核实该项目是否列入国家计划，必须有批准的可行性研究报告、初步设计（或施工图设计）及概（预）算文件等。国家计划以外的基本建设项目，如三资企业、地方自筹资金工程等，亦应有国家主管部门对该项目的批复文件。获得施工任务，从法律角度上讲，是以签订工程合同加以确认的。因此，施工企业接受的工程项目必须同建设单位签订工程合同，明确双方的经济、技术责任，互相制约，互相促进，共同保证按质、按量、按期完成工程项目的建设任务。合同一经签订，就具有法律效力，双方都应认真履行。

工程合同的内容应包括简要说明、工程概况、承包方式、工程质量、开（竣）工日期、工程造价、物资供应与管理、工程拨款与结算办法、违约责任、奖惩条款及双方的配合协作关系等。由于工程合同的内容涉及工程经营管理的各个方面，所以要求合同条款既要遵守有关法律法规要求，又要符合工程实际情况；既要防止合同条款表述含混不清，以免引起不必要的争执，又要用词准确、简明扼要，便于执行和检查。

(二) 开工前的规划组织准备

施工单位接受施工任务后，即可着手进行施工准备工作。施工单位的施工准备工作千头万绪，涉及面广，必须有计划、按步骤、分阶段地进行，才能在较短的时间内为工程开工创造必要的条件。准备工作的基本任务是了解施工的客观条件，根据工程的特点、进度要求，合理安排施工力量，从人力、物资、技术和施工组织等方面为工程施工创造一切必要的条件。

开工前的施工准备工作分为战略性的规划组织准备和战术性的现场条件准备两大部分。前者是总体的部署，后者是具体的落实。开工前的规划组织准备工作的主要内容如下：

1. 熟悉和核对设计文件

设计文件是工程施工最重要的依据。组织技术人员熟悉和了解设计文件，是为了明确设计者的设计意图，掌握图纸、资料的主要内容及有关的原始资料。此外，从设计到施工通常都要间隔几年时间，勘测设计时的原始自然状况也许会由于各种原因而有所变化，因此必须对设计文件和图纸进行现场核对。其主要内容是：

（1）各项计划的布置、安排是否符合国家有关方针、政策和规定以及国家的整体布局；设计图纸、技术资料是否齐全，有无错误和相互矛盾。

（2）设计文件所依据的水文、气象、地质、岩土等资料是否准确、可靠、齐全。

（3）掌握整个工程的设计内容和技术条件，弄清设计规模、结构特点和形式。

（4）核对路线中线、主要控制点、转角点、水准点、三角点、基线等是否准确无误；重点地段的路基横断面是否合理；重要构造物的位置、结构形式、尺寸大小、孔径等是否恰当，能否采用更先进的技术或使用新材料。

（5）路线或构造物与农用、水利、航道、公路、铁路、电信、管道及其他建筑物的互相干扰情况及其解决办法是否恰当，干扰可否避免，特别要注意解决好发生在历史文物纪念地、民族特殊习惯区域等的干扰问题。

（6）对地质不良地段采取的处理措施是否先进合理，对防止水土流失和保护环境采取的措施是否恰当、有效。

（7）施工方法、料场分布、运输工具、公路条件等是否符合工程现场实际情况。

（8）临时便桥、便道、房屋、电力设施、电信设施、临时供水、场地布置等是否恰当。

(9) 各项纪要、协议等文件是否齐全、完善。

(10) 明确建设期限，包括分期、分批施工的工程期限要求。

现场核对时，如发现设计有错误或不合理之处，应提出修改意见报上级机关审批，待核准批复后进行现场测量、修改设计、补充图纸等工作。

2. 补充调查资料

进行现场补充调查，是为优化和修改设计、编制实施性施工组织设计、因地制宜地布置施工场地等收集资料。调查的内容主要有：工程地点的地形、地质、水文、气候条件；自采加工材料场储量、地方生产材料情况、施工期间可供利用的房屋数量，当地劳动力资源、工业生产加工能力、运输条件和运输工具；施工场地的水源、水质、电源以及生活物资供应状况，当地民俗风情、生活习惯等。

3. 组织先遣人员进场

公路施工需要调用大量人工、材料和机具，施工先遣人员的任务就是结合施工现场的实际情况，具体落实施工队伍进入工地后在生产、生活、环境等方面必须解决的问题。对施工中涉及其他部门的问题，做好联系、协调工作，签订相应的会谈纪要、协议书或合同。同时，还要及时与当地政府部门取得联系，积极争取地方政府对工程施工的支持。

4. 编制实施性施工组织设计和施工预算

实施性施工组织设计是指导施工的重要技术文件。公路施工系野外作业，又是线性工程，各地自然地理状况和施工条件差异很大，不可能采用一种定型的、一成不变的施工方案和施工方法。每项工程的施工都需要通过深入细致的工作确定具体的施工方案和施工组织方法，因此必须认真做好实施性施工组织设计，并编制相应的施工预算。

(三) 施工现场条件准备

经过现场核对后，依据设计文件和实施性施工组织设计，认真做好施工现场的准备工作，其主要内容如下：

(1) 征地及拆迁。划定工程建设用地，开始征用土地，拆迁房屋、电信及管线设施等各种障碍物。施工临时用地，亦应同时办理。

(2) 技术准备工作。进行施工测量，平整场地，做好施工放样，布置施工场地，建立工地实验室，进行各种建筑材料试验和土质试验，为施工提供可靠数据；落实各工点的施工方案以及相应的供水、供电设施；各种施工物资的调查与准备，包括建筑材料、机具设备、工具等的货源安排，进场后的堆放、入库、保管及安全工作等。

(3) 建立临时生活、生产设施。修建便道、便桥，搭盖工棚；选址修建预制厂、机修厂、路面混合料拌和基地、水泥混凝土搅拌站等大型临时设施；临时供电、供水、供热及通信设备的安装、架设与试运行。

(4) 人员、机具、材料陆续进场。施工准备工作基本就绪后，即可组建施工机构，集结施工队伍，运送材料、机具。当施工队伍进场后，应及时做好开工前的思想动员、技术学习和安全教育工作。机具、物资进场后要按计划存放和妥善保管。

(5) 提出开工报告。上述各项具体准备工作完成后，即可向建设单位或施工监理部门提出开工报告。开工报告必须按规定的格式编写，并按上级要求或在工程合同规定的最后日期之前提出。

（四）正式施工

在施工准备工作完成、提交开工报告之后，才能按批准的日期开始正式施工。施工应严格按照设计图纸进行，如需要变更，必须事先按规定程序报经建设单位或监理工程师批准。要按照施工组织设计确定的施工方法、施工顺序及进度要求进行施工。各分项工程，特别是地下工程和隐蔽工程，要逐道工序检查合格，做好施工原始记录，才能进行下一道工序的施工。施工要严格按照设计要求和施工技术规范、验收规程进行，保证质量，安全操作，不留隐患，发现问题，及时解决。

对大中型工程建设项目，必须严格执行施工监理制度，按监理的规定或要求实行进度控制、质量控制和费用控制。为确保工程质量，加强施工管理，组织施工时应有以下基本文件：设计图纸、资料，施工规范和技术操作规程，各种定额，施工图预算，施工组织设计，工程质量检验评定标准和施工验收规范，施工安全操作规程，文明施工及环境保护措施等。

公路工程施工是一项复杂的系统工程，必须科学合理地组织，建立正常、文明的施工秩序，有效地使用劳动力、材料、机具、设备、资金等。施工方案要因地制宜、结合实际，施工方法要先进合理、切实可行。施工中既要注意工程质量和施工进度，又要注意保护环境、安全生产、确保优质、高效、低耗、安全地全面完成施工计划任务。

（五）竣工验收

公路基本建设项目的竣工验收是全面考核公路设计成果，检验设计和施工质量的重要环节。做好竣工验收工作，对确保工程质量，保证工程及时投入使用，发挥投资效益，总结建设经验，提高管理水平有着重要的作用。公路工程施工单位在竣工验收阶段应做好以下几项工作：

1. 竣工验收准备

工程项目按设计的要求建成后，施工单位应自行初验，即交工验收。初验时，要进行竣工测量，编制竣工图表；认真检查各分部工程，发现有不符合设计要求和验收标准之处应及时修竣；整理好原始记录、工程变更设计记录、材料试验记录等施工资料；提出初验报告，按投资隶属关系上报或送达监理单位。

初验报告一般包括以下内容：①初验工作的组织情况；②工程概况及竣工工程数量；③各单项工程检查情况和工程质量情况；④检查中发现的重大质量问题及处理意见；⑤遗留问题的处理意见和提交竣工验收时讨论的问题。

2. 竣工验收工作

施工单位所承担的工程全部完成后，经初验符合设计要求并具备相应的施工文件资料，应及时报请上级主管单位或业主组织竣工验收。根据建设项目的规模大小，分别由国家住房和城乡建设部或交通运输部，或省、直辖市、自治区以及交通主管部门组织验收。参加竣工验收的人员，应包括设计、施工、监理、养护、建设单位代表和建设银行、当地有关部门代表以及特邀专家。

竣工验收的具体工作，由验收委员会负责完成。验收委员会在听取施工单位的施工情况和初验情况、汇报并审查各项施工资料之后，采取全面检查、重点复查的办法进行验收。对初验时有争议的工程及确定返工或补做的工程、大桥、隧道和大型构造物，应全面检查和复测。对高填、深挖、急弯、陡坡路段，应重点抽查。小桥涵及一般构造物、一般路段路基及路面、排水及安全设施等，可采取随机抽查的方式进行检查。在检查过程中，必要时可采用挖探、取样试验等手段。

验收工作以设计文件为依据，按照国家有关规定，分析检查结果，评定工程质量等级，形成竣工验收鉴定书，并经监理工程师签认。对需要返工的工程，应查明原因，提出处理意见，由施工单位负责按期修竣。

3. 技术总结

竣工验收通过后，施工单位应认真做好工程施工的技术总结，以利于不断提高施工技术水平和管理水平，吸取经验教训，促进企业的发展。对于施工中采用的新技术和重大技术革新项目，以及施工组织、技术管理、工程质量、安全工作等方面的成绩，应进行专题总结。

4. 建立技术档案

技术档案包括设计文件、施工图表、原始记录、竣工文件、验收资料、专题施工技术总结等。这些文件在工程竣工验收后由施工单位汇集整理、装订成册并按管理等级建档保存。保密工程的图纸资料按有关保密制度办理。

第三节 公路的施工安全

进入21世纪以来,我国的路桥工程建设事业迅速发展,任务越来越艰巨,这对施工安全的要求也越来越高。特别是加入世界贸易组织后,路桥工程的施工单位将更多地打入世界市场,路桥工程建设必须与世界接轨,对安全也提出了更高的要求。因此,必须建立以预防为主、持续发展、科学管理的安全体系,健全自我约束机制,有效保护劳动者的安全与健康。原国家经贸委职业安全卫生培训中心依据我国职业安全健康法律法规,结合原国家经贸委颁布并实施《职业安全卫生管理体系试行标准》所取得的经验,参考国际劳动组织《职业安全健康管理体系导则》制定了《职业安全健康管理体系指导意见》,这对建立职业安全健康管理体系提出了规范化和标准化的指导要求,为施工单位结合自身实际,开展职业安全健康体系各要素的整合工作并使其成为全面管理的组成部分提供了指导。

贯彻国家有关部门颁布的安全生产文明施工的各项要求,推行现代化管理方法,科学组织施工,创建标准化工地,切实做好施工现场的各项安全生产与文明施工的管理工作是施工安全与文明生产的重要工作。

一、安全的内容与主要控制措施

安全包括人身安全、健康和财产安全。安全法规、安全技术和工业卫生是安全控制的三大主要措施。职业安全健康方针、组织、计划与实施评价、改进是职业安全健康管理体系的核心要素，要坚持持续改进。该体系是实现安全目标的基本保证。

安全法规又称劳动保护法规，是采用立法的手段制定保护职工安全生产的政策、规程、条例、制度。

安全技术是在施工过程中为防止和消除伤亡事故或减轻繁重劳动所采取的措施。

工业卫生是指在施工过程中为防止高温、严寒、粉尘、噪声、振动、毒气、废液、污染等对劳动者身体健康的危害而采取的防护和医疗措施。

安全法规、安全技术和工业卫生是安全控制的三大主要措施。这三大措施与控制对象、控制内容的关系是：安全法规侧重于对劳动者的管理、约束劳动者的不安全行为，其控制的主要内容是安全生产责任制、安全教育、安全事故的调查处理。安全技术侧重于对劳动对象和劳动手段的管理，消除、减弱物的不安全状态，其控制的主要内容是安全检查和安全技术管理。工业卫生侧重于环境的管理，以形成良好的劳动条件，其控制的主要内容亦是安全检查和安全技术管理。

安全控制的对象是人、物和环境，它构成了安全施工体系。只有加强对施工中人、物和环境的组织、场地与设施、行为控制与安全技术等方面的具体管理和控制，才能实现施工安全的目标。为此，必须正确处理安全与危险、安全与生产、安全与质量、安全与工期、安全与效益间的关系。

二、安全生产的基本原则与要求

安全生产的基本原则：一是贯彻"安全第一，预防为主"，二是坚持"管生产必须管安全"。

安全生产的基本要求是在施工中要以安全生产为方针，以"安全第一，预防为主"和"管生产必须管安全"为基本原则，依靠科学管理和技术进步，推动安全生产工作的开展，控制人身伤亡事故的发生及国家财产的安全。以国家颁布的各项政策和安全法规、规程，例如《中华人民共和国安全生产法》《建筑安全生产监督管理规定》《公路工程施工安全技术规程》《公路环境保护设计规范》及其他相关的标准、规范等为依据，结合工程的实际情况建立健全安全健康管理体系，制定各项具有可操作性且行之有效的规章制度，以确保施工顺利进行和生产安全。

三、建立健全各项路桥施工安全管理制度

根据工程项目施工现场的实际情况，建立一系列符合客观实际的、切实可行的路桥施工安全管理制度，并采取全员、全过程的监督手段，认真贯彻执行。

（一）安全组织和管理

（1）建立安全机构。项目经理部设安全小组，具体负责日常安全工作，制定各项安全制度，检查督促各项安全措施的落实。各施工队设立专职安全员，负责本项目的安全工作，项目经理及各工区长为安全负责

人。每月对员工进行安全教育，切实做好安全宣传工作。

（2）施工及住宿地，要做好防火、防暴雨、防台风工作，指派专人轮流值班，发现问题及时报告处理，现场要配备灭火器及其他安全器材。

（3）在施工前对施工人员、民工做好详细的安全交底，加强对现场人员的安全教育和督促检查。

（4）施工现场、宿舍区用电及各种电气设备的安装使用，必须按供电部门的安全用电要求及有关规定执行，严禁违章用电。

（5）所有进入路桥施工场地的员工必须戴安全帽，不得穿拖鞋，技术工种要持证上岗，高空作业必须系安全带。

（6）施工现场必须设置施工围栏等隔离设施和醒目警告标志，确保行人车辆与施工互不干扰，保证施工和交通畅通。

（7）全体施工人员必须遵守国家法律法规，遵守当地政府各种管理条例，遵守单位规章制度，做到群防群治，确保安全。

（二）高空、水下、运输、机械操作的安全管理

（1）高空作业设安全防护措施，与地面联系配备通信设施，恶劣天气禁止高空作业。

（2）进行水下作业时，下水前做好装具的完好性检查，包括通信设施；在钻孔桩内作业时，桩内泥浆面应高于护筒外水位，潜水员严禁在护筒以下部位作业。

（3）施工机械、车辆操作人员必须持上岗证，严禁无证上岗；自卸汽车严禁载人。

（三）施工人员的安全教育和管理

（1）对施工人员进行经常性的安全教育，开工前进行安全技术交底，加强安全知识的宣传与培训工作，切实提高施工人员的安全意识和素质，定期举办安全学习班，每月固定一天作为安全学习和小结检查日。

（2）使全体施工人员明确安全工作的重要性，严格遵守施工操作规程，禁止违章操作，杜绝施工生产中安全事故的发生。

四、路桥施工安全设施设置

在边施工边通车的路段施工时，为保障施工人员安全作业，应在道路上设置相应的道路施工安全设施。

五、文明施工与环境保护

（一）文明施工

施工单位应在工程施工期间，制定相关的制度、条例，严格遵守，认真执行，做到文明施工，以体现施工现场现代化管理的风貌。

（1）施工现场按规定的格式设置正规施工标志牌，标明合同段的名称、承包单位名称、经理部负责人姓名、总工程师姓名以及监理工程师姓名。

（2）驻地管理人员一律佩证上岗，内容标明职务、姓名并印有本人彩色照片。

（3）施工现场管理人员（工长、领班、旁站）均佩证上岗，应及时、主动地接待前来现场了解、检查、视察的所有人员，介绍有关问题和情况。对与本标段工程无关的外来闲散人员劝离现场。

（4）施工现场的技术人员均为常设现场安全员，其工作内容包括健康保护、事故预防措施和个人安全检查，应查看所有安全规则与条例的执行情况。安全员的佩证为红色，使其特别醒目。

（5）所有人员上岗期间，一律穿着整齐。

（6）施工现场各种施工机械设备分类划区停放，摆放要整齐，施工材料四周设围堆放，要求合理、整齐，并挂牌明示。对于怕雨、怕晒、怕冻、怕污染的材料要进行遮盖。

（7）生活设施的设置不能过于简陋，布局要合理、整齐，设立专职人员进行保洁工作，创造一个良好、卫生的生活及工作环境。

（8）建立明确的交接班制度，交接班者要交清和了解作业的进行情况及注意事项。下班及节假日期间，必须将作业中使用的工具、器械、设备等放置整齐，并清理现场、整理洁净。

（9）加强与当地政府和群众的联系，使施工做到便民而不扰民。

（二）环境保护

施工现场环境保护的目的在于保护和改善施工环境，它是保证人身健康的需要，是消除外部干扰保证施工顺利进行的需要，是现代化大生产的客观要求；环境保护是法律和政府的要求，是企业的行为准则，是企业生存发展的重要条件，是保证施工生产安全的重要条件。

（1）避免冲刷和破坏农田排灌系统。在施工过程中与原有排灌系统会产生矛盾，在施工前应征得当地政府和群众同意，修建临时排水设施，保证排灌系统不间断，竣工后及时清理修复。

（2）污水及垃圾。污水可定期请农民清理，作为农田菜地肥料等；垃圾集中堆放，定期送到当地指定地点处理。

（3）尘土和噪声。①所有的工地驻点，整平后用混凝土进行表面处理，避免翻浆及尘土飞扬；②配备洒水车，对施工车辆经过的道路经常洒水灭尘；③施工便道的选择尽可能避开村镇和工地驻点；④夜间施工要防噪声，尽量不用发电机发电，使用高压电；⑤拌和场地要远离居民区。

（4）严格保持驻地周围的环境卫生，保证每个员工身体的健康。

（5）保护历史文物，在拆迁建筑及基坑开挖时，要注意做好保护文物的工作，如发现文物要及时保护现场，迅速上报有关部门，并积极协助业主，妥善处理各种建筑的拆迁工作，不误工期。

（6）在施工过程中，要特别注意做好便道修筑，维持运输材料土石方车辆行驶的畅通，在复杂路口派专人指挥，防止事故的发生。

（7）切实做好文明施工，在深夜尽可能避免和减少影响附近居民的工作、生活和休息，施工现场场地要保持整洁，创造文明的工作环境，以提高工作效率。

（8）施工场地在工程竣工后，必须认真清理，以便当地居民恢复生产，方便交通，美化环境。

（9）桩基施工时，严禁将泥浆直接排放到下水管或沟中，应用特制泥浆汽车将钻渣及废泥浆运至政府环保部门指定地点倒掉。

（10）现场电焊作业，要采用挡板隔离，避免影响居民生活。

第二章 施工准备与施工放样

第一节 施工准备

施工准备工作是为了保证工程顺利开工和施工活动正常进行而必须事先做好的各项准备工作。它存在于开工之前,贯穿施工的全过程。

现代公路工程施工是一项复杂的生产活动,它既要组织大量的施工人员,又要消耗大量的建筑材料、使用很多的施工机械,还要处理各种技术问题,协调各种协作关系,涉及面广,情况复杂。施工准备工作的好坏直接影响工程的进度、质量和经济效益。因此,高度重视施工准备,严格遵守施工程序,按照客观规律组织施工,是施工顺利进行的重要保证。

公路工程施工准备工作的主要内容一般包括技术的准备、人员和设备的准备、施工临时设施的准备。

一、技术的准备

公路工程施工技术准备是工程顺利实施的基础和保证。由于任何的技术差错都可能引起人身安全和质量事故，造成生产、财产的损失，因此必须认真做好技术准备工作。其内容有熟悉和审查设计文件，编制施工组织设计，技术、安全交底和施工放样等。

(一) 熟悉和审查设计文件

设计文件（施工图）是组织施工的主要依据。组织工程技术人员领会设计文件的意图，熟悉设计文件中的各项技术指标，仔细考虑其技术经济的合理性和施工的可行性。对设计文件中有疑问、错误或设计不妥之处，应及时与建设业主、设计单位和监理单位联系，到现场调查了解，选择合理的解决办法。对于一些不确定的因素（如阴雨、交通干扰等），技术人员应心中有数，以便对相应的施工环节做充分的考虑。

熟悉和审查施工图纸的程序如下：

（1）施工图纸的阅读预审。当施工单位拿到施工图纸后，应尽快组织技术人员熟悉和预审图纸，对施工图纸的错误和建议按图标写出记录。

（2）施工图纸的会审。主要由建设单位、设计单位和施工单位三方进行施工图纸会审。首先由设计单位进行图纸交底，然后各方提出问题和建议，经过协调形成图纸会审纪要，由建设单位正式行文，参加会议的各单位盖章，可作为与施工图纸具有同等法律效力的技术文件使用。

（3）施工图纸的现场签证。在施工过程中，如果发现施工条件与设计条件不符，或因为材料质量、规格不能满足设计要求，或图纸中有错误，应对施工图纸进行现场签证。在施工现场进行图纸修改或变更设计资料，都要有设计单位正式发出的文字记录或通知。

(二) 编制施工组织设计

公路工程施工组织设计是指导施工现场全部生产活动的技术经济文件。公路工程施工过程是一个很复杂的物质创造过程，为了处理人力、物力、财力以及它们在空间和时间上的排列关系，必须根据工程的规模、结构特点和建设单位的要求，在原始资料调查分析的基础上，编制出一份能切实指导该工程全部施工活动的科学方案，并报工程监理和建设业主批准。

公路工程施工组织设计的编制内容如下：

(1) 根据设计路面的类型，进行料场勘察与选择，确定材料供应范围及加工方法。

(2) 选择施工方法和设计工序。

(3) 计算工作量。

(4) 编制流水作业图，布置工地，组织施工队伍。

(5) 编制工程进度日程图。

(6) 计算所需资源（劳动力、机械、材料）及平衡分期的需要量，编制材料运输日程计划。

(三) 技术、安全交底

技术、安全交底的目的是把工程设计的内容、施工计划、施工技术要点和安全等要求，按分项内容或按阶段向施工队、组交代清楚。

技术、安全交底的时间在公路工程开工前进行，以保证工程按施工组织设计、安全操作规程和施工规范等要求进行施工。

技术、安全交底的内容有公路工程施工进度计划、施工组织设计、质量标准、安全措施、降低成本措施等，采用新技术、新工艺、新材料、新结构的保障措施，有关图纸设计变更和技术核定等事项。交底的方式有书面形式、口头形式和现场示范形式等。

二、人员和设备的准备

人员和设备的准备是公路工程施工顺利进行的物质保证。施工从准备工作开始，到现场施工，需要投入大量的人力、物力和财力，稍有疏漏，任何一个环节出了问题，不仅会影响施工进度、工程质量，而且可能造成很大的经济损失。因此，必须做好人员和机械及工具设备两方面的充分准备。

（一）人员准备

人员准备包括建立施工组织机构和组建施工队伍。

1. 建立施工组织机构

施工组织机构是为完成公路工程施工而设置的负责现场指挥、管理工作的组织机构，一般由项目经理部及下设各职能部门组成。

2. 组建施工队伍

根据所承担的工程量大小和工期要求，安排出总进度计划，并进一步估算出全部工程用工日数、平均日出工人数、施工高峰期日出工人数，以及技术工种、机械操作工种、普通工种等用工比例，选择合适的劳动作业队伍，并与之签订劳务合同，实行合同管理。

（二）机械及工具设备准备

根据工程需要、工程量大小及施工进度要求，确定施工机械及工具的类型、数量、进场时间、供应方法、进场后的安装和存放地点等，编制施工机械及工具需要量计划，充分发挥施工机械及工具的性能，保证机械及工具设备的正常操作使用。

三、施工临时设施的准备

施工临时设施的准备工作是给工程的施工创造有利的施工条件和物质保证。为了维护施工期间的场内外交通，保证机具、材料、人员和给养的运送，必须修筑临时道路，并保障行驶安全。

在施工过程中，为保证筑路员工的生活、物资器材的存放，以及木工、钢筋工的室内作业，要修建临时工棚。为满足工程和生活用水的需要，还要修建临时的给水设施。

第二节　路线中线施工放样

路线中线施工放样就是利用测量仪器和设备，按设计图纸中的各项元素（如公路平纵横元素）和控制点坐标（或路线控制桩），将公路的"中心线"准确无误地放到实地，以指导施工作业，习惯上称为"放样"。

路线中线施工放样是保证施工质量的一个重要环节。这是一项严肃认真、精确细致的工作，稍有不慎，就有可能发生错误。一旦发生错误而未能及时发现，就会影响下一步工作，影响工作进度，甚至造成损失。要严格按照有关规范、规程的要求，对测量数据认真复核检查，不合格的数据一定要返工重测，要一丝不苟，树立质量重于泰山的意识。为确保施工测量质量，在施工前必须对导线控制点和路线控制桩（又称固定点）进行复测，在施工过程中要定期检查。放样时应尽量使用精确度高的测量设备，采用先进的测试方法。

路线中线施工放样又称为恢复中线，一般有两种方法：①用沿线控制点放样；②用路线控制桩（交点、直圆点、圆直点等）放样。

用控制点放样中线，放样精度能得到充分的保证。在测量技术飞速发展的今天，测距仪的使用越来越普遍。现在，几乎所有的施工单位都有测距仪或全站仪，因而这种方法得到了广泛的应用，成为恢复中线的主要手段。《公路路基施工技术规范》中规定，对高速公路、一级公路，应用坐标法恢复路线主要控制桩。

在实际应用中，二级以上的公路勘察设计，均沿路线建有导线控制点，作为首级控制，故可采用控制点放样。

用路线控制桩来恢复中线有两种情况：一种情况是公路两旁没有布设导线控制点，公路中线都是用交点桩号、曲线元素（转角、半径、回旋线长）标定，施工单位只有根据路线控制桩来恢复中线，这种情况在修建低等级公路时是常见的；另一种情况就是由于施工单位没有测距仪，无法利用控制点，只好利用路线控制桩恢复中线，但这种方法常用于低等级公路。

一、控制点复测

控制点复测是施工测量前必不可少的准备工作，它包括导线控制点和路线控制桩的复测。另外，由于人为或其他原因，导线控制点和路线控制桩丢失或遭到破坏，要对其进行补测；有的导线点在路基范围以内，须将其移至路基范围以外。只有当这一切都完成无误时，才能进行施工放样工作。

（一）导线控制点和路线控制桩的复测

路线勘测设计完成以后，往往要经过一段时间才能施工。在这段时间内，导线控制点或路线控制桩是否移位，精度如何，需对其进行复测。

（二）导线控制点的补测与移位

由于人为或其他原因，导线控制点丢失或遭到破坏，如果间断性地丢失，则可利用前方交会、支点等方法补测该点，或采用任意测站方法补测导线点。补测的导线点原则上应在原导线点附近；如果连续丢失数点，则要用导线测量的方法补测。若将路基范围内的导线点移至路基范围以外，则可根据移点的多少分别采用交会法或导线法，也可采用骑马桩法加以保护。导线点的高程用水准测量或三角高程测量测定。

二、用路线控制桩恢复中线

（一）恢复交点

（1）当原勘测设计时所钉的交点桩保存基本完好，只有个别交点桩丢失时，恢复路线中线的测量工作就比较简单，可用方向交会法。根据前、后两已知点的直线距离，所量得的转角值和距离应与原勘测时的转角值和距离相符，其差数应不超过测量误差要求的范围，并根据勘测时的路线平面图和横断面图与实地对照，看其新交的交点的点位是否与图示一致。

（2）当原勘测设计时所钉的交点桩大部分丢失时，路线要恢复到原来的位置是比较困难的，一般只能恢复到比较接近原来的位置。恢复时先组织人员根据路线平面图把可能保存下的桩都打出来，然后从一已知直线段出发，根据原勘测设计时的直线、曲线转角一览表上的数据，用放样已知数值的水平角和已知长度直线的方法，放样出丢失的交点。

（二）恢复转点

由于在恢复交点的过程中不能一次定下交点的点位，一般都要经过多次调整，才能符合要求，所以用正确倒镜的方法得出的转点往往不能在两交点之间的直线上。因此，转点的最后恢复都需采用逐渐趋近法。

（三）恢复中桩

当交点和转点恢复后，根据路基设计表上的桩号可直接用钢尺恢复直线段上的中桩。如果在恢复后的交点上量得的转角与原设计表上所列值相差不大，则可根据勘测设计时给定的半径和曲线元素用直角坐标法或偏角法等设置曲线加桩；如果所量得的转角与原来的相差较大，应根据地形并参照原来的切线长，根据改变后的转角改动曲线半径，重新计算曲线元素，并设置曲线上的各加桩，但改变半径值应不影响纵坡设计的规定和要求。

三、竖曲线的施工放样

在设计路线纵坡的变更处，考虑行车的视距要求和行车的平稳需要，在竖直面内用圆曲线连接起来，这种曲线称为竖曲线。

第三节 高程施工放样

道路从勘测完成到施工阶段，以及在道路施工过程中，部分路线里程桩可能遗失或遭破坏。因此，在施工前应及时检查和核对，必要时还应增设施工控制点，对遗失地段及时恢复控制桩，并在施工范围外设置保护桩。

一、路基边桩的测设

路基边桩的测设就是将每一个横断面的路基两侧的边坡线与地面的交点，用木桩标定在实地上，作为路基施工的依据。常用的有以下几种方法：

(一) 图解法

图解法是指直接在路基设计的横断面图上，按比例量取中桩至边桩的距离，然后到实地用皮尺量得其位置。在填挖不大时常采用此法。

(二) 解析法

解析法是根据路基填挖高度、路基宽度、边坡率计算路基中桩至边桩的距离。解析法的适用分平坦地面和倾斜地面两种情况。

二、路基边坡的测设

边桩测设后，为保证填、挖边坡达到设计要求，还应将设计边坡在实地上标定下来，以便指导施工。

施工前按照设计的边坡坡度做好边坡样板，施工时利用边坡样板进行测设。

三、路面施工测设

路面施工是道路施工的最后一个环节，也是最重要的一个环节。因此，对路面施工放样的精度要求要比对路基施工放样的精度要求高。为了保证精度，便于测量，通常在路面施工中将线路两侧的导线点和水准点引测到路基上，一般设置在不易被破坏的桥梁、通道的桥台上或涵洞的压顶石上。

路面施工阶段的测量放样工作内容有恢复中线、放样高程和测量边线。

路面施工是在路基土石方施工完成以后进行的。在路面底基层（或垫层）施工前，首先进行路槽放样。路槽放样包括中线施工控制桩恢复放样和中平测量、路槽横坡放样。除面层外，各结构层横坡按直线形式进行放样。

第三章　路基施工

第一节　路基填筑施工

填方路基的施工是公路工程施工中非常重要的环节，它不仅关系公路的施工质量和基本使用功能，而且也关系公路的使用寿命和使用安全。因此，需要精心设计、精细化组织管理和精心施工，以确保工程质量。

填方路基的主要特点是：①工程量大；②涉及面积广，分布不均匀，工程情况复杂；③工期长，耗费劳动力多，机械台班占用多。

填方路基的施工要求，除必须要符合设计的断面尺寸外，还应满足：①具有足够的整体稳定性；②具有足够的强度和刚度；③具有足够的水温稳定性。路基的强度和稳定性是保证路面稳定的基本条件。

一、路基填筑用土

用于路基填筑的土料，原则上应就地取材或利用路堑挖方的土壤，对填料总的要求是：具有良好的级配和一定的黏结能力，在一定的压力下易于压实稳定，基本不受水浸软化和冻害影响等。

各类公路用土具有不同的性质，在选择作为路基的填筑材料时，应当根据不同的土类分别采取不同的工程技术措施。不得采用设计或规范规定不适用的土料作为路基填料，路基填料的强度和粒径应符合相关规范的规定。

二、路基填筑施工工艺

路基的横断面形式应根据公路等级、技术标准，结合当地地形、地质、水文、挖填条件等情况确定。路基横断面的典型形式可归纳为路堤、路堑和填挖结合三种类型。下面以路堤为例进行介绍。

（一）路堤的形式

路堤按填土高度的不同可划分为矮路堤、高路堤和一般路堤。填土高度小于1.0m者，属于矮路堤；填土高度大于18m（土质）或20m（石质）者，属于高路堤；介于两者之间的属于一般路堤。根据所处条件和加固类型的不同，还有浸水路堤、护脚路堤、护肩路堤、挡土墙路堤、半挖半填路堤等。

（二）路堤填筑的类型及方法

（1）水平分层填筑。填筑时按照横断面全宽分成水平层次，逐层向上填筑，每填筑一层，经压实检查合格后再填筑上一层。如果原地面不平，应从最低处分层填起。水平分层填筑法施工操作方便、安全，压实质量易于保证。

(2) 纵坡分层填筑。用推土机从路堑取土填筑运距较短的路堤，并以纵坡方向分层，逐层向上填筑，逐层压实。

(3) 竖向填筑。竖向填筑又称为横向全高填筑，即从路基一端按横断面的全部高度，逐步推进填筑，这种填筑方法适用于无法自下而上填土的陡坡、断岩或泥沼地区。但此方法所填土料不易压实，并且还有沉陷不均匀的缺点。为此，应采取必要的技术措施，如采用高效能的压实机械，采用沉陷量较小的砂石作为填料或采用混合填筑的方法等。

(4) 混合填筑。在深谷、陡坡、断岩地段，下层采用竖向填筑的方法，上层采用水平填筑的方法，这样可以使上部的填土获得足够的密实度，保证路基的质量。

(三) 路堤填筑施工的工艺流程

路堤填筑施工的一般程序为：施工前的准备工作、修建小型人工构造物、路基基础处理、路基土石方工程施工、路基工程的检查与验收等。具体来讲，路堤填筑施工的主要工序包括料场选择、基底处理、填筑和压实。

三、路堤填筑施工的主要工序及控制要点

(一) 路堤基底的处理

路堤基底是指路基填料与原地面的接触部分。为使两者紧密结合避免路堤沿基底滑动，需要根据基底的土质、水文、坡度、植被情况和路堤填筑高度采取相应的处理措施。尤其是对于一些特殊的地基，如软土、

冻土、膨胀土等，应采用特殊的路基处理技术专门处理。

(二) 填筑要求

(1) 当不同性质的土进行混合填筑时，应视土的透水能力大小，进行分层填筑压实，并采取有利于排水和路基稳定的方式。一般应遵循以下原则：

①以透水性较小的土填筑路堤下层时，其顶面应做成坡度为4%的双向横坡；如用以填筑上层，除干旱地区外，不应覆盖在透水性大的土所填的下层边坡上。

②不同性质的土料应分层填筑，不得混填，每种填料层累计总厚度不宜小于0.5m。

③凡不会因潮湿及冻融而变更体积的优良土料，应填筑在上层，强度较小的土料应填筑在下层。

(2) 旧路堤加宽改造时，所用填土应与原路堤填料尽量一致或选用透水性好的土。为使新旧路基结合，沿旧路边坡须挖成向内倾斜的阶梯形，分层进行填筑，层层夯实至规定的密实度，台阶宽不应小于1m，台阶高约0.5m。

(3) 填石路堤的填筑。石料的强度应不小于15MPa，用于护坡的石料强度应不小于20MPa。石料的最大粒径不宜超过层厚的2/3。每层松铺的厚度：高等级公路不宜大于0.5m，其他公路不宜大于1m。

高等级公路填石路堤路床顶面以下50cm范围内，应填筑符合路床要求的土并分层压实，填土最大粒径不大于10cm。其他公路填石路堤路床顶面以下 30cm 范围内，应填筑符合路床要求的土并分层压实，填土最大粒径不大于 15cm。

（4）土石混合料路堤的填筑。土石混合料中石料强度大于 20MPa 时，石块的最大粒径不宜超过层厚的 2/3，否则应当将其剔除。当石料的强度小于 15MPa 时，石块的最大粒径不宜超过压实层厚度，超过者应将其打碎。土石路堤必须分层填筑，分层压实。每层铺填的厚度应根据压实机械的规格和类型确定，但最大不应超过 40cm。

土石混合料中石料含量的多少，将严重影响压实效果，因此当石料含量大于 70%时，应先铺大块石料，且大面向下安放平稳，再用小块石料、石屑等进行嵌缝找平，最后碾压密实；当石料含量小于 70%时，土石可以混合填筑，但应消除硬质石块过于集中的现象。

土石混合料高等级公路路堤路床顶面以下 30~50cm 范围内，也应填筑符合路床要求的土并分层压实，填料最大粒径不得大于 10cm。其他公路路堤路床顶面以下填筑 30cm 的砂类土，填料最大粒径不得大于 15cm。

（三）路堤填筑时的注意事项

沿河路堤填土，连同护坡道在内一并分层填筑。可能受水浸淹部分的填料，应选用水稳性好的土料。路堤填筑范围内，原地面的坑、洞、墓穴等，用原地的土或砂性土回填，并按规定进行压实。路堤基底原状土的强度不符合要求时，应进行换填。路基施工中为防止雨水冲刷边坡，在路基两侧 20m 左右做临时泄水槽，槽底铺塑料布，路肩做挡土埝，以利于雨水排出。为了保证填料摊铺均匀，以便平整碾压，一般通过石灰线画网格指导装卸车卸料。

（四）结构物处的回填施工

进行结构物处回填施工时，应配备专职质检人员，增加自检频率，确保工程质量；结构物处的回填圬工强度的具体要求及回填时间，按《公路路基施工技术规范》相关规定执行；回填材料选用透水性材料如沙砾、碎石、矿渣或半刚性材料等，填料的最大粒径不超过5cm。台背采用沙砾掺石灰填筑，石灰剂量需根据试验数据确定，其压实度不小于《公路土工试验规程》重型压实标准确定的最大干容重的95%；涵背填土顺线路方向长度，顶部距翼墙尾端不小于台高加2m，底部距基础内缘不小于2m，涵洞填土长度每侧不小于2倍孔径；结构物处的填土分层填筑；每层松铺厚度不超过15cm。结构物处的压实度从填方基底或涵洞顶部至路床顶面均为95%；当工作面较大时用重型机械按规范操作碾压，局部区域辅助小型夯实机具进行压实。结构物处回填土分层压实后随机抽检压实度，压实度不低于《公路路基施工技术规范》中规定值的95%；台背回填时，派专人负责，使用专门的机具挂牌画线施工，每层填筑进行照相，并附检测资料存档。

四、路基压实

路堤填料的碾压是路基施工的一个关键工序，只有有效地压实路堤填料，才能保证路基填筑工程的施工质量。根据路堤填料的不同，路基压实分为土质路基压实、填石路基压实和土石混填路基压实。由于填料性质的不同，压实的方法和控制标准也不同。

（一）土质路基压实

1. 路基压实的原理

路基填土经过开挖、运输、铺装等过程，已变得十分松散，压实的目的就是：通过碾压做功，使土壤颗粒重新组合，彼此挤压，空隙缩小，形成密实整体，从而使土体的强度增加、稳定性提高，塑性变形、渗透系数、毛细水作用及隔温性能均有明显改善。因此，路堤填料的碾压是公路施工的一个关键工序，也是提高路基强度和稳定性的根本技术措施。

路基土体压实按压实机械作用种类不同分为静压原理、冲击作用原理、振动作用原理。其中，静压原理是依靠机械自重对土体进行密实的方法；冲击作用原理是将一定质量的物体提升一定高度，然后自由下落，产生冲击，对土体进行冲击压实；振动作用原理是利用振动压路机采用快速、连续的冲击作用，形成持续不断的冲击波，使土粒运动，以达到密实土体的目的。

2. 影响压实效果的因素

影响压实效果的因素有内因和外因两个方面。内因是指土体本身的土质和含水量，外因是指压实功能（如机械性能、压实时间、压实遍数、压实速度和铺土厚度）及压实时外界自然和人为的其他因素等。归纳起来，影响压实效果的主要因素有土的含水量、土的性质、压实功能、铺土厚度、地基或下承层强度、碾压机具和方法等。

(二) 填石路基、土石混填路基压实

1. 填石路基压实施工要点

(1) 填石路堤基底处理同填土路堤。

(2) 填料和填筑要求。膨胀性岩石、易溶性岩石、崩解性岩石和盐化岩石等均不能用于路堤填筑。填石路堤的石料强度不应小于15MPa，石料最大粒径不宜超过层厚的2/3。填石路堤填料的岩性相差较大时，应将不同岩性的石料分层或分段填筑。填筑时应将石块逐层水平填筑，分层厚度：高速公路和一级公路不宜大于50cm，其他公路填筑厚度不宜大于1m。石料大面向下排放平稳，紧密靠拢，所有缝隙用小石块或石屑填塞密实。当石块级配较差、粒径较大、填层较厚、石块间的空隙较大时，可于每层表面的空隙里扫入石渣、石屑、中粗砂，再以压力水将砂冲入下部，反复数次，使空隙填满。人工铺填25cm以下石料时，可直接分层摊铺，分层碾压。

(3) 填石路堤在压实之前，应当用大型推土机将路堤表面摊铺平整，对于个别不平整处，应当通过人工用细石屑找平。

(4) 填石路堤均应压实并选用工作质量12t以上的重型压路机、工作质量2.5t以上的夯锤或25t以上的轮胎压路机压（夯）实。当缺乏以上机具时，可采用重型静载光轮压路机压实，并减少每层填筑厚度和减小石粒粒径。

(5) 压实操作要求。应先压两侧、再压中间，压实路线对于轮碾应纵向互相平行，反复碾压。夯锤应成弧形，当夯击密实程度达到设计要

求后，再向后移动一夯锤位置。行与行之间应重叠 40~50cm，前后相邻区段应重叠 100~150cm。

(6) 填石路堤压实所需的碾压或夯击遍数应经过试验确定。当采用重型压路机时，可按压实层顶面稳定、不再下沉且无轮迹、石块紧密、表面平整为准；当采用重锤夯实时，可依重锤下落时不下沉而发生弹跳现象进行压实度检验。

(7) 填石路堤使用各种压实机具时的注意事项与压实填土路基相同

(8) 填石路堤顶面至路床顶面下，高速公路和一级公路应填筑 50cm 厚符合路床要求的土，其他公路填筑厚度为 30cm。

2. 土石混填路基压实施工要点

(1) 土石混填路基的基底处理同填土路堤。

(2) 填料和填筑质量控制。天然土石混合材料中所含石料强度大于 20MPa 时，石块的最大粒径不得超过压实厚度的 2/3，超过的应予以清除；当所含石料为强度小于 15MPa 的软质岩时，石块的最大粒径不得超过压实厚度，超过的应打碎。土石混合材料在填筑时，不得采用倾填方法，应分层填筑、分层压实，松铺厚度宜为 30~40cm，或经试验确定。压实后渗透性差异较大的土石混合材料应分层分段填筑，不宜纵向分幅填筑；如确需纵向分幅填筑，应将压实后渗透性良好的土石混合材料填筑于路堤两侧。当石料含量大于 70% 时，应先铺大块石料，且大面向下安放平稳，然后铺小块石料、石屑等进行嵌缝找平，最后碾压密实；当石料含量小于 70%时，土石可以混合填筑，但应消除硬质石块过于集中的现象。土石混合料高等级公路路堤路床顶面以下 30~50cm 范围内，也应填筑符合路床要求的土并分层压实，填料最大粒径不得大于 10cm。其他公路路堤路床顶面以下填筑 30cm 的砂类土，填料最大粒径不得大于 15cm。

（3）土石混填路堤的压实方法与技术要求，应根据混合料中巨粒土（石粒）含量的多少确定。当混合填料中巨粒土（石粒）含量多于 70%时，其压实作业接近填石路堤，应按填石路堤的压实方法和有关规定进行；当混合填料中巨粒土（石粒）含量小于 50%时，其压实作业接近填土路堤，应按填土路堤的压实方法和有关规定进行。

（4）土石混填路堤的压实度可采用灌砂法或水袋法检验。其标准干容重应根据每一种填料的不同含石量的最大干容重做出干密度曲线，然后根据试坑挖取试样的含石量，从标准干密度曲线上查出对应的标准干密度。若几种填料混合填筑，则应从试坑挖取的试样中计算各种填料的比例，利用混合填料中几种填料的干容重曲线查得对应的标准干容重，用加权平均的计算方法，计算所挖试样的标准干容重。

（5）当采用灌砂法或水袋法检验有困难时，可以根据填石路堤的有关规定检验，即以通过 12t 以上振动压路机进行压实试验，当压实层顶面稳定，不再下沉（无轮迹）时，可判为密实状态。

第二节　路堑开挖施工

一、土方开挖施工

（一）土方开挖要求

土方开挖施工中应注意下列各点：

（1）路基开挖前应对沿线土质进行检测试验。对适用于种植草皮和其他用途的表土，应贮存于指定地点；对于开挖出的适用材料，应用于路基填筑，以减少挖方弃土和弃土堆面积，也可以减少填方借土和取土坑面积。但各类材料不应混杂，混杂材料均匀性较差，难以保证路基的压实质量。对不适用的材料可以做弃土处理。

（2）土质路堑地段的边坡稳定极为重要。开挖时，无论开挖工程量和开挖深度大小，均应自上而下进行，不得乱挖超挖。要注意施工方法，如果采用不加控制的爆破法施工，容易造成路堑边坡失去稳定性易于塌方。掏洞取土易造成土坍塌伤人，因而严禁掏洞取土。在不影响边坡稳定的情况下采用爆破施工时，也应经过设计审批。另外，要注意施工顺序，防止因开挖顺序不当而引起边坡失稳崩塌。通常应按原有自然坡面自上而下挖至坡脚，不可逆顺序施工，否则极易引起滑坡体滑塌。

（3）施工中，如遇土质变化需修改施工方案，应该及时报批；如因冬季或雨季影响，使得挖出的土方不能及时用于填筑路堤，应按路基季节性施工的有关方法进行处理；如路堑路床的表土层下为有机土、难以晾干压实的土、CBR 值小于稳定要求的土或不宜做路床的土，均应清除换填，必要时还应设置渗沟，以保证满足路基深度的要求。如果遇到特殊土质（盐渍土、黄土、膨胀土等）以及易于坍塌的土，应按特殊土的有关要求进行施工。

（4）挖方路基施工标高应考虑压实的下沉值。绝对不能将路基的施工标高与路基的设计标高（路线纵断面图上设计标高）混淆，造成超挖或少挖，产生浪费或返工。

（二）排水设施的开挖

水是造成路堑各种病害的主要原因，所以在路堑开挖前应做好截水沟，并根据土质情况做好防渗工作。施工期间应修建临时排水设施。临时排水设施应与水文性排水设施相结合。水流不得排入农田、耕地，不得污染自然水源，也不得引起淤积或冲刷。

对排水沟渠的具体要求如下：

（1）排水沟渠的具体位置、横断面尺寸应符合设计图纸的规定。截水沟不应在地面坑洼处通过，必须通过时，应按路堤填筑要求将坑洼处填平压实，然后开挖，并防止不均匀沉陷和变形。

（2）平曲线外边沟沟底纵坡，应与曲线前后的沟底相衔接。曲线内侧不得有积水或外溢现象发生。

（3）路堑和路堤交接处的边沟应缓缓引向路堤两侧的天然沟或排水沟，不得冲刷路基，路基坡脚附近不得积水。

(4)排水沟渠应从下游出口向上游开挖。同时，应保证排水设施沟基稳固，严禁将排水沟挖筑在未加处理的弃土上；沟形整齐，沟坡、沟底平顺，沟内无弃土杂物；沟水排泄不得对路基产生危害；截水沟的弃土应用于路堑与截水沟间筑土台，并分层压（夯）实，台顶设2%倾向截水沟的横坡，土台边缘坡脚距路堑顶的距离不应小于设计规定。

（三）边坡开挖

路堑挖土边坡施工的基本要求与填土边坡基本类似，除边坡坡度符合规定外，也应做好放样、布设标准边坡等工作。但是，其与填土边坡相比又有自己的一些特点，路堤边坡由于是填土而成的，其工作性质差异不大，而路堑边坡由自然状态土、石开挖形成，随线路经过地带不同而有较大的变化，工程性质有时差别很大，施工作业难易程度也就有了一定的区别。

对于砂类土边坡，施工时挖出的斜坡应留有足够的余量，然后打桩、定线，进行坡面修整。具体做法是：先用机械开挖，留有20~30cm的余量，以后可以人工修整或者采用平地机修整，也可以采用小型反铲挖掘机作业。如果采用挖掘机修整边坡，要求操作人员应有较高的技术水平，否则极易造成超挖或欠挖现象。

对于砾类土边坡，由于影响砾类土挖方边坡的因素主要是土体结合的紧密程度，故其强度应结合土壤、地质、水文等条件确定。

砾类土的潮湿程度及边坡高度对边坡的稳定有较大的影响。一般情况下，湿度大、边坡高时，宜采用较缓的边坡；对于密实度较差的土体，应避免深挖。应注意到边坡缓则受雨水的作用面积增大，故边坡坡度不应过缓。另外，应根据具体情况采取边坡防护和加固措施，切实做好排水工作，以免影响边坡的稳定性。

位于地质不良地段需设置挡土墙等防护设施的路堑边坡，应采用分段挖掘、分段修筑防护设施的方法，以保证边坡的稳定和安全。

(四) 弃土处理

在施工过程中，弃土随便乱堆会影响现有公路和施工便道的车辆行驶，堵塞农田水利设施，造成水流污染，淤塞或挤压桥孔或涵管口，增加水流速度，改变水流方向，冲刷河岸，所有这些都是不允许的。所以，要求在开挖路堑弃土地段前，提出弃土的施工方案应报有关部门批准后实施，方案改变时，应该报批准单位复查。

弃土堆的边坡坡度不应陡于 1∶1.5，顶面向外应设不小于 2% 的横坡，其高度不宜大于 3m。路堑旁的弃土堆，其内侧坡脚与路堑顶之间的距离：对于干燥硬土，不应小于 3m；对于软湿土，不应小于路堑深度加 5m。在山坡上侧的弃土堆应连续而不中断，并在弃土堆前设截水沟；在山坡下侧的弃土堆应每隔 50~100m 设置宽度不小于 1m 的缺口，以利于排水，对于弃土堆坡脚，应进行防护加固。

此外，岩溶地区的漏斗处大多已成为地面水的排泄通道，暗河口则成为地下水的出口通道，如将弃土弃置在这些地方，会造成地面水和地下水难以排走，形成水灾，影响路基稳定和安全。若在贴近桥墩（台）处弃土，将会造成桥墩（台）承受偏压，桥墩（台）的安全会受到严重影响，所以严禁在岩溶漏斗处、暗河口处、贴近桥墩（台）处弃土。

二、石方开挖施工

石方开挖是道路通过山区与丘陵地区的一种常见的路基施工方法。由于是开挖建造，结构物整体稳定是石方路堑设计、施工的中心问题。而地质条件（岩石的性质、地质构造、风化破碎程度及边坡高度等）对路基的稳定有决定性的影响。设计前，应对路线的工程地质条件、岩体特征（结构、产状、破碎程度）及公路等级、边坡高度和施工方法进行综合调查，制定切实可行的设计标准和施工方法。

（一）石方开挖应注意的问题

开挖石方应根据岩石的类别、风化程度和节理发育程度等确定开挖方式。对于软石和强风化岩石，能用机械直接开挖的均应采用机械开挖，也可实施人工开挖。凡是不能采用机械开挖或人工直接开挖的石方，可采用爆破法开挖。

（二）工程爆破类型

爆破是石质路堑施工最有效的施工方法，也可用爆破松动土，炸除软土、淤泥、扩孔等。山区公路路基石方工程量大，而且相当集中，采用爆破方法施工，不仅能大大提高工效、缩短工期、节省劳动力、降低工程成本，而且可以改善线形，提高公路使用质量。

（三）爆破作业的施工程序

（1）对爆破人员进行技术培训学习和安全教育。

(2) 对爆破器材进行检查与检验。

(3) 清除岩石表面的覆盖物及松散石层，确定炮型，选择炮位。

(4) 钻眼或挖坑道、药室，装药及堵塞。

(5) 敷设起爆网络。

(6) 设置警戒线。

(7) 起爆。

(8) 清理现场（处理瞎炮，测定爆破效果）。

（四）爆破作业的注意事项

1. 炮位选择

炮眼位置直接影响着爆破的效果。在选择炮位时，应注意以下事项：

(1) 必须注意石层、石质、纹理、石穴，以在无裂纹、无水湿处为宜。在铁锤敲击石面发生空响处，应避免打眼。

(2) 应避免选择在两种岩石硬度相差很大的交界处。

(3) 炮位选择时，应尽量为下一炮创造更多的临空面。

(4) 群炮炮眼的间距，应根据地形、岩石类别、炮型及炸药的种类计算确定。

(5) 炮眼的方向应与岩石侧面平行，并应尽量与岩石走向垂直。一般按岩石外形、纹理、裂隙等实际情况，分别选择正眼、斜眼、平眼和吊眼等方位。

2. 钻眼

钻眼工作分为人工钻眼和机械钻眼两种。人工钻眼操作简便，但是效率低，适用于少量石方爆破；机械钻眼所需机械设备较多，但是钻眼速度快，工效高，适用于大量石方爆破。

人工钻眼使用的工具有钢钎、大锤、注水工具和陶石粉用的小勺。钢钎的长度比炮眼深度超出 0.5m 为宜，常用直径 22mm 的一字形实心钢钎头，刃口可根据岩石软硬程度做成不同的形状。

机械钻眼的主要设备是凿岩机，有风动式和电动式两种。凿岩机的型号很多，应在施工前根据岩石的类别、钻孔的深度、工作环境与附属设备等实际情况选用。凿岩机的钢钎一般为直径 22~38mm 的中空六角钢，常用碳素工具钢制作，在岩石坚硬时，可用合金工具钢。钎头的形式有一字形（单刃）、十字形和梅花形（星形）等三种。

炮眼打成后，应将炮眼中的石粉、泥浆清理干净，然后用稻草或塞子将孔口塞好，以防止石渣、泥块等杂物落入孔内。

3. 装药

装药是一项要求细致且危险性很大的工作，应由熟练的炮工担任。装药时，闲杂人员应该撤离危险区。装药与堵塞工作要求连续快速进行，以避免炸药受潮，降低威力。

散装的黑火药，装药时应用木片或竹片（不得使用铁器）将药灌入孔中，现场不得有任何火源。药装好后，将导火索插入药中，用木棍轻轻压实。

黄色炸药可以散装，也可将条状药包直接装入，待药装至一半时，将已插好导火索的雷管放入，再散装另一半药量，最后用木棍轻轻捣实。

4. 堵塞炮眼

炮眼的堵塞材料，一般采用干细砂土、砂、黏土等。最好采用一份黏土、三份粗砂，在最佳含水量下混合而成的堵塞料。

在炸药装好后，先用干砂灌入捣实，再用堵塞料堵满炮眼并捣实，在捣实时应注意防止弄断导火索或导爆线，以免影响引爆工作。

在所有炮眼堵塞完毕后，应布置安全警戒，疏散危险区的人员、牲畜，封闭所有与爆破地点相连通的路径，做好点火引爆的准备工作。

5. 点火引爆

火雷管的引爆由指定的点火人员，按规定线路同时点火。点火时应用草绳、香火引燃导火索，防止用明火引爆。

电雷管的引爆用接通电源的方法引爆。

点火引爆后，应仔细记录爆炸的炮数，当爆炸的炮数与装药的炮数相等时，方可解除安全警戒。若炮数不相等，应在最后一炮响过 30min 后，方可解除警戒。

6. 瞎炮处理

点火后未爆炸的炮称为瞎炮。瞎炮不仅费工费料、影响施工进度，而且给处理工作带来不少困难。在施工中，应注意防止产生瞎炮，一旦出现瞎炮，应立即查明原因，研究采取妥善处理的办法。

产生瞎炮的原因，一般有雷管、导火索受潮失效，导火索与雷管接头脱开，堵塞炮眼时导火索被拉断，炮眼潮湿有水，点火时漏点等。

处理瞎炮时，先找出瞎炮位置，在其附近重新打眼，使瞎炮同新炮一起爆炸。如瞎炮为小炮且为一般炸药，可用水冲洗处理。

7. 清理渣石

清理渣石可用人工或机械进行，应严格按照操作规程的要求进行，以避免炸松的山石坍塌，造成伤人毁物事件。

炸落的岩石体积过大时，可采用二次爆破进行处理，以便于清理、运输工作的进行。

（五）爆炸物品的管理

爆破施工中为了确保安全，除遵守有关规定外，对于工地的爆炸物品要妥善保管，其管理要点如下：

（1）所有爆破器材、雷管、炸药应分别存放在指定地点，相距不得小于1km，距离施工现场不得小于3km，并不得露天存放，决不允许个人保存。

（2）存放地点应有牢靠的固定仓库，仓库内通风良好，库址四角应有符合标准的避雷设施，库址周围应有牢固的围墙和门扉，并设有排水沟道，以保证仓库干燥。

（3）仓库应有警卫人员日夜负责看守，并设有良好的消防设施。

（4）存放炸药、雷管的仓库周围500m半径内，不得安装有发电机、变压器、高压线，以及各类发电、导电、明火操作的电焊机和瓦斯机等机械。

（5）爆破器材应安排专人负责入库、发出，炸药、雷管的领用制度要严格、健全，库房内只允许使用绝缘手电。

（6）在雷雨、浓雾和黑夜等特殊天气时，不得办理爆炸物品的收领工作。

三、路堑开挖施工工艺

路堑开挖是路基施工中工程量最大、最普通的施工内容，有多种施工机械适宜使用并能发挥机械的优势。所以，路堑开挖主要采用机械化施工。

（一）路堑开挖的一般要求

路堑边坡的形状一般可以分为直线、折线和台阶形三种。当挖方边坡较高时，可根据不同的土质、岩石性质和稳定要求开挖成折线式或台阶式边坡，边坡外侧应设置碎落台，其宽度不应小于1m；台阶式边坡中部应设置边坡平台，边坡平台的宽度不应小于2m。

边坡坡顶、坡面、坡脚和边坡中部平台应设置地表排水系统。当边坡有积水湿地、地下水渗出和地下水露头时，应根据实际情况设置地下渗沟、边坡渗沟或者仰斜式排水孔，或在上游沿垂直地下水流方向设置拦截地下水的排水隧洞等排导设施。

根据边坡稳定情况和周围环境确定边坡坡面防护形式。边坡防护应采取工程防护与植物防护相结合，稳定性差的边坡应设置综合支挡工程。如果条件许可，应优先采取有利于生态环境保护的防护措施。

（二）土质路堑开挖方案

土质路堑开挖根据挖方数量大小及施工方法的不同主要有横向全宽

挖掘法、纵向挖掘法和混合挖掘法。不论采用何种方法开挖，均应保证施工过程中及竣工后能够顺利排水，随时注意边坡稳定，防止因开挖不当导致塌方；有计划地处理废方，尽可能用于改地造田，保护环境；注意有效扩大工作面，提高生产效率，保证施工安全。

（三）土质路堑的横向开挖

土质路堑的横向开挖可采用人工作业，也可以采用机械作业。

用人工按横挖法开挖路堑时，可在不同高度分几个台阶开挖，其深度一般为1.5~2.0m。无法自两端一次横挖到路基设计标高或分台阶横挖，均应设单独的运土通道及临时排水沟，以免相互干扰，影响工效，造成事故。

用机械按横挖法开挖路堑且弃土（或移挖做填）运距较远时，可以用挖掘机配合自卸车进行，每层台阶高度可增加到3~4m。其余要求与人工开挖路堑相同。

路堑横挖法也可用推土机进行。若弃土或移挖做填运距超过推土机的经济运距，可用推土机推土堆积，再用装载机配合自卸车运土。用机械开挖路堑应注意的是，边坡应配合平地机或人工分层修刮平整，以保证边坡的平整与稳定。

（四）土质路堑纵向挖掘

土质路堑纵向挖掘多采用机械化施工。

当采用分层纵挖法挖掘的路堑长度较短、地面坡度较陡时，宜采用推土机作业。推土机作业时，每一铲挖掘地段的长度应能满足一次铲切达到满载的要求，一般为5~10m，铲挖宜在下坡时进行，对于普通土坡度宜为10%~18%，不得大于30%；对于松土坡度不宜小于10%，不得大于15%；傍山卸土的运行道路应设有向内稍低的横坡，但应同时留有向外排水的通道。

当采用分层纵挖法挖掘的路堑长度较长时，宜采用铲运机作业，有条件时最好配备一台推土机（或采用铲运推土机）配合铲运机作业。对于拖式铲运机或铲运推土机，其铲斗容积为4~8m³的适宜运距为100~400m，容积为9~12m³的适宜运距为100~700m。自行式铲运机运距可增加一倍。铲运机的运土道，单道的宽度不应小于4m，双道的宽度不应小于8m；其纵坡，重载上坡坡度不宜大于8%；弯道应尽可能平缓，避免急弯；路基表层应在回驶时刮平，重载弯道处路基应保持平整。铲运机作业面的长度和宽度应能使铲量达到满载。在起伏地形的工地，应充分利用下坡铲装；取土应沿其工作面有计划地均匀进行，不得局部过度取土造成坑洼积水。铲运机卸土场的大小应满足分层铺卸的需要，并留有回转余地。填方卸土应边走边卸，防止成堆，行走路线外侧边缘的距离不小于20cm。

（五）石质路堑开挖方案

较平坦地段的浅路堑（中心高度小于5m），可不分层开挖；较深路堑应分层开挖（每层高度不应大于5m）；路堑较长时，可适当开设运渣马口。分层开挖可根据地形和是否利用石方以及选定施工设备等因素，采用逐层顺坡开挖法或纵向台阶开挖法施工。

路堑，尤其是地形起伏较大的深路堑，应当先做好堑顶截水沟、天沟后再开挖。在路堑施工期间及竣工时，注意检查维护，其排水口应引入自然沟或排水建筑。

石方开挖应自上而下进行，严禁掏底开挖，当岩层层理大体与边坡平行时，在岩层的走向、倾角不利于边坡稳定和施工安全的地段，应顺层开挖；当层理与边坡成较大夹角时，应采用预裂爆破、光面爆破开挖边坡。

第三节 路基软基处理

随着我国高等级公路的不断修建，湿软地基的处理加固已显得越来越重要。作为路基本身或其支撑体，软土地基因土体含水量大、孔隙比大而使地基呈现出强度低、压缩性大、沉降量大的软弱土层地基。

软土是指以沉积的饱和的软弱黏性土或淤泥为主的地层，有时也夹有少量的腐泥或泥炭层。我国的软土地基按其成因不同，可分为滨海沉积类、湖泊沉积类、河滩沉积类和谷地沉积类4种；按其沉积的环境不同，可分为滨海相、三角洲相、潟湖相、溺湖相、湖相、河床相、河漫滩相、牛轭湖相、谷地相9种类型。

软土一般具有天然含水量高、孔隙比大、透水性差、抗剪强度低、压缩性高、触变性和蠕变性等特点。在公路工程中，根据天然含水量及天然孔隙比等主要特征并结合其他指标对软土地基进行分类，通常可分为软黏性土类、淤泥质土类、淤泥类、泥炭质土类、泥炭类等 5 种类型。

一、软土地区路基的基本要求

（一）路基的稳定性

在天然的软土地基上，采用快速施工方法修筑路堤所能填筑的最大高度，称为极限高度或临界高度。当路堤高度超过这一极限高度时，对路堤或路基必须采取一定的加固措施，才能保证路堤的安全填筑和正常使用；否则，就可能使填土的部分发生崩塌、坡脚外侧地基隆起等，从而造成工程的大范围返工，甚至会出现其他工程破坏和人身伤害事故。

（二）路基的沉降量

与路堤快速滑动破坏不同，软土地基的路堤由于软土的压缩性大，在自重作用下会产生沉降，并且这种沉降会在相当长的时间内持续发展，大大超过一般路堤的允许沉降量。严重时，不仅增加填土的工程量，而且在靠近填土部分的挡土墙、边沟等排水设施，也会受到沉降或水平移动的影响。即使完成铺装路面后还可能继续沉降，对路面的纵横断面造成一定影响，难以保证其平整度，也会引起路面结构的破坏。实际观测发现，一些竣工 10 余年的路堤，剩余的沉降达 5~10cm，此种情况并不罕见。

影响路基沉降的因素除自重外，还有基底附加应力的变化、加载的速率与加载方式问题等。

二、软土地基处理的基本规定

软土地基处理的施工必须确保施工质量,科学地做好施工组织设计,加强施工现场的技术管理,严格按照有关操作规程实施,认真做好工程质量的检查和验收工作。

在软土地基处理前,应当首先完成下列有关工作:

(1) 收集并熟悉有关施工图纸、工程水文地质报告、土工试验报告和施工范围内的地下管线、建筑物、构筑物等有关资料。

(2) 组织有关人员编制软土地基处理的施工组织方案和实施大纲,使软土地基处理按科学的程序和方法进行。

(3) 为保证软土地基的处理质量,达到预定的处理目标,对所需要的原材料、半成品、成品进行检查。

(4) 对所使用的施工机械进行检查调试,保证施工机械达到正常运转的良好状态。

(5) 对于采用桩基处理的软土地基进行必要的成桩试验,以便取得施工中的技术参数,确保桩基施工成功。

在软土地基处理前,应做好施工期间的排水措施,对常年处于地表积水、水塘的地段,应按设计要求先做好抽水、清淤和回填工作。

软土地基处理材料的选用,应当贯彻"因地制宜、就地取材"的原则。所有运至工地的材料必须分类堆放,妥善保管,按现行有关标准进行质量检验,不合格材料不得用于工程。在软土地基处理过程中,应当遵照"按图施工"和"边观察、边分析"的方法；当发现施工现场情况与设计所提供资料不符，或原设计的处理方法因故不能实施，需要改变设计时，应及时报告监理工程师和业主，并根据有关规定报请变更设计，待批准后才能实施。

在软土处理过程中，应认真做好原始记录，积累资料，不断总结，提高软土地基处理施工技术水平。

在软土地基处理施工过程中，必须严格执行有关安全、劳保和环境保护等规定。

三、软土地基处理方法分类

软土地基处理的分类方法很多，如按处理深度可分为浅层软基处理和深层软基处理，按处理时间分为临时软基处理和永久软基处理，按处理方式又可分为化学处理和物理处理。

四、软土地基处理方案的比较选择

任何一种软基加固方法都不是万能的，各种加固方法都有它一定的使用条件和范围。由于软土性状千差万别、地质勘查资料的局限性及设计参数误差等因素的影响，往往使处理后的效果与设计要求产生较大的差异。因此，针对具体的软基加固工程应综合考虑各方面的因素，如设计施工条件、上部结构和荷载作用条件、软土性状条件、经济技术条件、工期条件等，恰到好处地选择处理方案，体现经济、可靠、高效的指导原则，是软土地基处理的重点和关键。

(一) 方案选择应考虑的因素

在方案分析和选择时，不能只考虑荷载和变形因素，而是要综合考虑施工期的地表状况、结构物密度、填土高度、施工进度、施工季节、气候条件、施工环境、设备情况、材料供应等因素，使所选择的处理方案在技术上可靠、经济上合理、条件上允许、时间上满足，同时还应考虑到环境保护、节约能源、生态平衡等方面的因素。

(二) 方案选择应收集的资料

在选择确定具体的处理方法前，必须收集、调研有关的资料，主要包括：详细的工程地质和水文地质勘查资料，场地的环境条件，施工进度与气候条件，本地区其他同类工程软基处理经验，材料、设备来源情况，道路性质、形状、位置条件等方面的资料。其中，最重要的是工程和水文地质资料，这是选择和确定软土地基具体处理方案的重要依据。

(三) 方案选择确定的具体步骤

软土地基处理方案的确定，可按下列步骤进行：

(1) 收集详细的工程地质、水文地质及地基基础的设计资料。如地形、地质成因、地层状况，软土层厚度、不均匀性和分布范围，持力层位置及状况，地下水情况及地基土的物理力学性质。

(2) 根据地基处理的预定目标（解决路堤变形问题或沉降问题）、使用要求（工后沉降量及差异沉降量要求）、结构类型和荷载大小等，并结合地形地貌、地层结构、地下水特征、周围环境和相邻建筑物等因素,初步选定几种可供参考的地基处理方案,以供方案比较和进一步选择。

(3) 对初步选定的几种地基处理方案,分别从处理效果、材料来源、机具条件、施工进度、投资成本和环境影响等方面,进行认真的技术、经济比较,并根据安全可靠、施工方便、经济合理、有利环保的原则,从中选择最佳处理方案,也可综合完善初选方案。

(4) 对基本确定的地基处理方案,根据道路等级和施工现场复杂程度,可在有代表性的场地上进行相应的现场试验,通过试验检验设计参数和处理效果。如果达不到设计要求,应查明原因,采取相应措施或修改设计。试验工程的修筑也可为大范围正式施工积累经验,提供设计依据,控制施工质量。

五、换填土层法

当软弱土地基的承载力和变形满足不了设计要求,而软弱土层的厚度又不是很大时,将基础以下处理范围内的软弱土层部分或全部挖去,然后分层置换强度较大、性能稳定、无侵蚀性的材料,如砂、碎石、素土、灰土、炉渣或粉煤灰等,并压(夯、振)实至要求的密实度,这种处理方法称为换填土层法。一般情况下,全部挖除换填的软土层厚度限于3m且局部分布又无硬壳层的地段,而对于厚度大于3m的表层软土,则通常采用部分挖除置换处理。

换填土层法的加固原理是根据土中附加应力分布规律，让垫层承受上部较大的应力，软弱层承受较小的应力，甚至不增加软基的附加应力以满足设计对地基的要求。

换填土层法适用于淤泥、淤泥质土、湿陷性黄土、素填土、杂填土地基及暗沟、暗塘等的浅层处理。换填土层法原理简单、明晰，施工技术难度小，安全可靠，是浅层地基处理常用的方法之一。它包括开挖换填、抛石挤淤、爆破挤淤、轻型材料置换等多种具体处理方法。

（一）开挖换填法

开挖换填法即在一定范围内，把影响路基稳定性的软土用人工或机械挖除，用无侵蚀作用的低压缩性散粒体置换，分层夯实。按软土的分布形态和开挖部位，有全面开挖换填和局部开挖换填两种情况。开挖边坡一般为1：1左右，开挖深度一般在2m以内，为防止边坡坍落，应随挖随填。

开挖换填所用填料一般为灰土、砂、卵石、碎石及工业废渣等。

换填的砂、卵石材料宜用级配良好的坚硬的中砂、粗砂和卵石、碎石，不含草根杂物，含泥量不超过3%，石子粒径最大不宜超过5cm。人工级配的砂石，应将砂石拌和均匀后铺填压实。

换填碎石和矿渣是应用较多的一种地基加固方法。碎石和矿渣有足够的强度和模量值，稳定性好，地基固结快。换填的砂、卵石、碎石或工业废渣材料，可采用灌砂法检查其干密度。

（二）抛石挤淤法

抛石挤淤法即在路基底部抛投一定数量的片石，将淤泥挤出基底范围，强制置换饱和软土的地基处理方法。

抛石挤淤法施工简单、迅速、方便，一般适用于石料丰富、运距较短、厚度不超过4m，且表面无硬壳，片石能下沉至底部，排水较困难的积水洼地中的具有触变性的流塑状饱和淤泥和泥炭土的处理。

抛石挤淤法按挤淤方式不同可分为整体压载挤淤法和散式挤淤法两种。

（三）爆破挤淤法

爆破挤淤法是将炸药放在软土或泥沼中引爆，利用爆炸时的张力作用，把淤泥和泥炭扬弃，然后回填以强度较高的透水性土。其特点是换填深度大、功效较高，软土、泥沼均可使用。但爆破对周围环境影响大，一般只限于爆破对附近构筑物或设施没有不良影响，且淤泥或泥炭层较厚（超过5m），稠度较大，路堤填土高度较高，施工期急迫等情况。

爆破挤淤法根据爆破与填土的关系分为两种：一种是先部分填筑、进行底部爆破，再填筑；另一种是先爆破后填筑。第一种方法可有效防止软土或淤泥回淤，适用于稠度较大、较软、回淤较快的软土或泥沼；第二种方法适用于稠度较小、回淤较慢的软土。

六、旋喷法

旋喷法是用钻机钻孔至预定深度，用高脉冲泵，通过安装在钻杆下端的特殊喷射装置，向土中喷射化学浆液。在喷射的同时，钻杆以一定速度旋转并逐渐往上提升，高压射流使一定范围内的土体结构破坏，强制破坏的土体与化学浆液混合，胶结硬化后在土层中形成直径较均匀的圆柱体。旋喷法的施工工艺流程如下所述。

（一）钻机定位

钻机定位是钻机头对准空位的中心，保证钻机的垂直度。

（二）钻孔

钻孔一般选用旋转振动钻机或地质钻机。

（三）插注浆管

选用旋转振动钻机时，钻孔和插注浆管两工艺合二为一；选用地质钻机时，在钻至预定深度后，先抽出岩芯管，再插入注浆管。

（四）旋喷作业

当喷浆管插至预定深度后，由下而上进行旋喷作业。在操作中要注意下面几点：

（1）旋喷前要检查高压设备和管路系统，其压力和流量必须满足设计要求。

（2）喷射过程中，要防止喷嘴堵塞。

（3）喷射时，要做好压力、流量、冒浆量的测量工作，并应按要求逐项记录。

（4）深层旋喷时，应先喷浆后旋钻和提升，以防注浆管折断。

(5) 搅拌水泥浆时，水灰比要符合设计规定，不得随意更改，旋喷过程中要防止水泥浆沉淀，浓度降低。

（五）冲洗

当喷射提升至设计标高时，旋喷即告结束，此时应将注浆管等设备冲洗干净。

（六）移动机具到新孔上，重复以上操作

高压喷射的注浆方式，除旋转喷射外，还有定向喷射和摆动喷射等。

七、深层拌和法

深层拌和法包括石灰桩法、水泥搅拌桩法、高压旋喷桩法等，其原理是在钻机钻进时，利用压缩空气或加压泵将生石灰、水泥干粉或水泥浆等胶凝材料，与软土强制搅拌，使胶凝材料与软土产生物理、化学作用，从而形成复合地基，以达到提高地基承载力、减小沉降的目的。这里介绍水泥搅拌桩法。

水泥搅拌桩法适用于加固各种成因的饱和软黏土、新吹填的黏土、泥炭土、粉土和淤泥质土等。水泥搅拌桩分为喷浆型（湿法）和喷粉型（干法）两种。

喷浆型（湿法）施工工艺流程为：钻机就位→预搅下沉→制备水泥浆→喷浆搅拌提升→重复搅拌下沉和提升→清洗→移位→重复以上步骤。

施工质量控制：要求搅拌桩基本垂直于地面，布桩位置与设计误差不得大于2cm，成桩桩径偏差不应超过5cm；对喷浆搅拌工艺所用水泥浆要严格按设计的配合比拌制，不得有离析现象，不宜停置时间过长，停置超过2h应降低等级使用；对喷粉搅拌所用的水泥粉要严控入贮灰罐前的含水量，严禁受潮结块，不同水泥不得混用；严格按设计参数控制水泥粉（浆）的喷出量和搅拌提升速度，确保搅拌桩施工的均匀性。

八、加固法

（一）排水固结法

排水固结法是对天然地基，或先在地基中设置砂井（袋装砂井或塑料排水带）等竖向排水体，然后利用建筑物本身重量分级逐渐加载；或在建造前在场地上现行加载预压，使土体中的空隙水排出，逐渐固结，地基发生沉降，同时强度逐步提高的方法。

排水固结法适用于处理各类淤泥、淤泥质土及冲填土等饱和黏性土地基。排水固结法是由排水系统和加压系统两部分组合而成的。其中，排水系统分竖向排水体（普通砂井、袋装砂井、塑料排水板）和水平排水体（砂垫层），加压系统有堆载法、真空法、降低地下水位法、电渗法、联合法等。

（二）化学加固法

利用化学溶液或胶结剂，采取压力灌注或搅拌混合等措施，使土颗粒胶结起来，达到对软土地基加固的目的，称为化学加固法，又称为胶结法。

目前，化学溶液主要有：①以水玻璃为主的浆液，常用的是水玻璃浆液和氯化钙浆液配合使用；②以丙烯酸氨为主的浆液；③水泥浆，是由高强度等级的硅酸盐水泥，配以速凝剂而组成的浆液；④以纸浆溶液为主的浆液，但有毒性且污染地下水源。以上四类，目前以水泥浆液使用较多。

(三) 重压加固法

重压加固法亦称为动力固结法，主要包括强夯法、重锤击实法、碾压法等。本节主要介绍强夯法。

强夯法是以8~20t的重锤、8~40m的落距对土基进行强力夯击，利用冲击波和动应力达到加固软土层的目的。强夯法对土体的作用效果可概括为加密作用、液化作用、固结作用和时效作用。

强夯法具有施工简单、加固效果好、使用经济、适用面广等优点。它可以广泛用于杂填土、碎石土、砂土、黏性土、湿陷性黄土及泥炭和沼泽土。它的缺点是噪声和震动较大，不宜在人口密集或附近防震要求较高的地点使用。

强夯法的主要设备包括夯锤、起重机、脱钩装置三部分。强夯法施工程序如下：

(1) 平整场地。预估强夯后的变形平均高度，依此确定地面高程，然后用推土机整平。

(2) 铺垫层。当遇到地表面为细粒土，且地下水位高的情况时，有时需在表面铺0.5~2m厚的砂、沙砾或碎石，其目的是在地表形成硬层，既可支撑起重设备，确保机械通行施工，又可加大地下水距地表面的距离,加速超静水压力的消散,防止夯击效率降低。

(3) 夯点放线定位。宜用石灰或打小桩的方法,偏差不得大于5cm。夯点可按等边三角形、等腰三角形或正方形布置。夯点间距取用加固深度或夯锤直径的2.5~3.5倍。

(4) 强夯施工。夯击遍数,对砂性土一般点夯1~3遍,对黏性土点夯2~4遍,最后以低能量满夯2遍。相邻2遍夯击的时间间隔应根据空隙水压力消散的情况而定,对饱和黏性土一般需3~4周,而对于渗透性好的地基可连续施工。每夯击一遍,场地平整度偏差较大时,可用推土机推平或用粗砂将夯坑填平。

(5) 现场记录。强夯施工时应对每一夯实点的夯击能量、夯击次数和每次夯击量等做好详细的现场记录。

(6) 隔震要求。强夯施工时所产生的冲击波会对周围环境造成震动和破坏,因此强夯施工前要根据周围环境保护的要求,在适当位置挖设减震沟,减震沟沟深一般距地表面2m左右。

第四节 路基构造物施工

一、路基排水设施施工

水是造成路基病害的主要因素之一,路基强度和稳定性同水的关系十分密切。公路路基排水包括地表排水和地下排水两大部分,路基排水施工是路基施工技术的关键之一。

（一）路基排水的原则

（1）公路路基排水按照设计应防、排、疏结合，并与路面排水、路基防护、地基处理以及特殊路基地区（段）的其他处治措施相互协调，形成完善的排水系统。

（2）路基排水设计应遵循总体规划、合理布局、少占农田、环境保护的原则，并与当地排灌系统协调。

（3）排水困难地段，可采取降低地下水位、设置隔离层等措施，使路基处于干燥、中湿状态。

（4）施工场地的临时性排水设施，应尽可能与永久性排水设施相结合。各类排水设施的设计应满足使用功能的要求，结构安全可靠，便于施工、检查和养护维修。

（5）排水工程应按设计及施工规范的要求施工，依照实际地形，选择合适的位置将地表水和地下水排至路基以外。

（二）路基排水施工基本要求

（1）施工前，应校核全线排水设计是否完善、合理，必要时应提出补充和修改意见，使全线的沟渠、管道、桥涵组合成完整的排水系统。临时排水设施应尽量与永久排水设施相结合。排水方案应因地制宜、经济实用。

（2）施工前宜先完成临时排水设施。施工期间，应经常维护临时排水设施，保证水流畅通。

(3)路堤施工中,各施工作业层面应设2%~4%的排水横坡,层面上不得有积水,并采取措施防止水流冲刷边坡。

(4)路堑施工中,应及时将地表水排走。一是防止上边坡方向的水流入;二是开挖面积较大,在大雨时积水量很大;三是路堑边坡上方,如有泥沼、水塘、沟渠、水田等水源,应做详细调查,确定其是否有渗水情况,并针对具体情况采取必要的防渗措施。各地的实际情况相差很大,应引起重视,不同的情况采取不同的措施将地表水排走。

(5)施工中应对地下水情况进行记录并及时反馈。

(三)地表排水设施施工技术要求

公路路基地表排水的主要任务是排出路基范围内的地表径流、地表积水、边坡雨水及公路邻近地带影响路基稳定的地表水。路基地表排水设施包括边沟、截水沟、排水沟、跌水与急流槽、蒸发池、油水分离池、排水泵站等,应结合地形和天然水系进行布设,并做好进出口的位置选择和处理,防止出现堵塞、溢流、渗漏、淤积、冲刷和冻结等现象。地表排水沟管排放的水流不得直接排入饮用水水源、养殖池。

1. 边沟

边沟分为路堑边沟和路堤边沟,一般设置在路堑、零填零挖路基的路肩外侧或矮路堤、陡坡路堤的路堤边缘外侧或坡脚外侧,用以汇集和排除路基范围内和流向路基的少量地表水。

边沟的排水量不大,一般不需要进行水文和水力计算,依据沿线具体条件,选用标准横断面形式。其他排水沟渠的水流通常不允许引入边沟，如不得已，应计算该段边沟的总流量，必要时扩大边沟断面尺寸和采取相应的防护加固措施。边沟施工技术要求主要有：

（1）设计没有规定时，边沟深度不得小于 400mm，底宽不得小于 400mm。

（2）边沟沟底纵坡应衔接平顺。

（3）土质地段的边沟纵坡大于 3%时，应采取加固措施。

汇集于边沟的水应顺势排至低洼地段或天然河流。受地形的限制，为防止水流漫溢或冲刷，边沟不宜过长。一般边沟单向排水长度不宜超过 300~500m，若超过此值，则应添设排水沟或涵洞，将水引至路基范围之外或指定地点。在边沟出水口附近，水流冲刷比较严重，必须慎重布置和采取相应措施。

2. 截水沟

截水沟根据路基填挖情况和所处位置可以分为路堤截水沟、堑顶截水沟和平台截水沟，一般设置在挖方路基边坡坡顶以外，或山坡路堤坡脚上方的适当地点。它的主要用途是拦截并排除路基上方流向路基的地面水流，保护挖方边坡和填方坡脚不受流水冲刷。

3. 排水沟

排水沟是指将边沟、截水沟、取土坑等处积水引排到桥涵或路基以外的排水设施。有时排水沟与边沟也不能截然分开，同一水沟兼有汇水、引排两种功能。排水沟的位置，可根据需要并结合当地地形等条件而定，离路基应尽可能远些（一般距路基坡脚不宜小于 3~4m）。排水沟应尽量采用直线，需转弯时应做成圆弧形或与原水道有不大于45°交角，这样不会使原水道产生冲刷或淤积。排水沟的纵坡，一般情况下，可取0.1%~1.0%，不小于0.3%，亦不宜大于3%。排水沟渠宜短不宜长，一般不超过500m。应充分利用有利地形和自然水系，做到及时疏散，就近分流，出水口应尽可能引至天然河沟。

4. 急流槽

急流槽主要用于陡坡地段的排水，以达到水流的消能或减缓流速的目的，是山区公路普遍采用的排水结构物。急流槽的构造，按水力计算特点分为进口、主槽（槽身）和出口三部分。急流槽各个部分的尺寸依水力计算而定。一般来说，急流槽的壁厚，采用浆砌片石时为0.3~0.4m，采用混凝土时为0.2~0.3m，壁应高出计算水深至少0.2m，槽底厚度为0.2~0.4m，且宜砌成粗糙面或嵌坚硬小块，以达到消能和减小流速的目的。为了基础稳固，应在其底部每隔2.5~5m设置0.3~0.5m深的耳墙。急流槽很长时应分段修筑，每隔5~10m设置伸缩缝，缝用防水材料填充。进水口与槽身连接处因断面不同设过渡段，为使出水口水流流速与下游的容许流速相适应，槽底可采用几个坡度，上面较陡，向下逐渐放缓。

5. 跌水

跌水的基本构造按水力计算特点，可分为进水口、消力池和出水口三个组成部分。跌水可分为单级跌水和多级跌水，对于在较长陡坡地段，为减缓水流速度和消能，可采用多级跌水。多级跌水底宽和每级长度可以采用各自相等的对称形，亦可根据实地需要来确定。

6. 蒸发池

蒸发池仅适用于我国北方气候干旱、蒸发量大且排水困难的地段。平原地区排水较困难，挖成取土坑后其底部比原地面低，排水更困难。以取土坑作为蒸发池，在雨水较少地区是一种较好的经济选择。

7. 油水分离池

（1）污水进入油水分离池前应先通过格栅和沉沙池处理。

（2）不得因为设置油水分离池而污染当地生态环境。

（3）池底、池壁和隔板应采用砌浆片石或现浇混凝土进行加固。

8. 排水泵站

（1）路基汇水无法自流排出时，可设置排水泵站。排水泵站包括集水池和泵房。

（2）集水池的容积应根据汇水量、水泵能力和水泵工作情况等因素确定。

（3）水泵抽出的水应排至路界之外。

油水分离池和排水泵站这两种排水设施在已建和在建的公路工程中应用较少，这里只提出施工基本要求。

（四）地表排水工程质量要求与检验评定

地表排水设施的技术要求和质量标准应符合规定。其中，对于跌水、急流槽、水簸箕等其他排水工程的质量标准可参照土沟或浆砌排水沟要求，不再单列项目。

按照评定标准，公路排水工程质量检验评定的内容包括基本要求、实测项目、外观鉴定和质量保证资料四大部分。地表排水工程各类设施要分别进行质量检验和评定。

1. 土沟

土沟包括边沟、排水沟和截水沟。

（1）基本要求。土沟边坡必须平整、坚实、稳定，严禁贴坡。沟底应平顺整齐，不得有松散土和其他杂物，排水畅通。

（2）实测项目。土沟实测项目包括沟底纵坡、沟底高程、断面尺寸、边坡坡度和边棱顺直度5个检查项目。

（3）外观鉴定。沟底无明显凹凸不平和阻水现象。

2. 浆砌排水沟

浆砌排水沟质量检验评定内容也适用于浆砌边沟、截水沟。

（1）基本要求。砌体砂浆配合比准确，砌缝内砂浆均匀饱满，勾缝密实；浆砌片（块）石、混凝土预制块的质量和规格应符合设计要求；基础中缩缝应与墙身缩缝对齐；砌体抹面应平整、压光、顺直，不得有裂缝、空鼓现象。

（2）实测项目。浆砌排水沟实测项目包括砂浆强度、轴线偏位、沟底高程、墙面直顺度或坡度、断面尺寸、铺砌厚度、基础垫层宽厚、

（3）外观鉴定。砌体内侧及沟底应平顺，沟底不得有杂物。

3. 排水泵站

（1）基本要求。地基应具有足够的承载能力，不应扰动基底土壤。井壁混凝土应密实，混凝土强度达到合格标准后方可进行下沉。沉井下沉过程中，应随时注意正位，发现偏位及倾斜时须及时纠正。沉井封底应密实不漏水。水泵、管及管件应安装牢固，位置正确。

（2）实测项目。排水泵站实测项目包括混凝土强度、轴线平面偏位、垂直度、底板高程。

（3）外观鉴定。泵站轮廓线条清晰，表面平整。

（五）地下排水施工技术要求

路基地下排水主要是排出流向路基的地下水或降低地下水位。排水设施包括暗沟（管）、渗沟、渗井、仰斜式排水孔、检查疏通井等。地下排水设施的类型、位置及尺寸应根据工程地质和水文地质条件确定，并与地表排水设施相协调。

1. 暗沟（管）

暗沟是设在地面以下引导水流的沟道。暗沟横断面一般为矩形，井壁和沟底、沟壁用浆砌片石或水泥混凝土预制块砌筑，沟顶设置混凝土或石盖板，盖板顶面上的填土厚度不应小于0.5m。近年来，采用暗管的形式也较多。一般情况下，暗沟主要用于把路基范围内的泉水或渗沟所拦截、汇集的水流引到路基范围之外。在高速公路、一级公路等有中间分隔带的道路、宽阔的广场、市区及街道中有雨水时，也可通过雨水口将地表水引入地下暗沟予以排除。

暗沟可以设置在一侧或两侧边沟下面，主要是为了拦截流向路基的层间水，降低地下水位，减少路基工作区的水分，避免路基强度降低。

2. 渗沟

根据使用部位、结构形式不同，渗沟可分为填石渗沟、管式渗沟、洞式渗沟、边坡渗沟、支撑渗沟、无砂混凝土渗沟等，各类渗沟均应设置排水层、反滤层和封闭层。一般采用渗透方式来汇集、拦截并排出流向路基的地下水，使路基不因地下水产生病害的地下排水设施统称为渗沟。它适用于地下水量大、分布广的路段，可设置在边沟、路肩、路中线以下或路基上侧山坡适当的位置，当地下水埋藏较浅或有固定含水层时宜采用渗沟。

3. 渗井

（1）填充料含泥量应小于5%，按单一粒径分层填筑，不得将粗细材料混杂填塞。下层透水层范围内宜填碎石或卵石，上层不透水范围内宜填砂或砾石。井壁与填充料之间应设反滤层。

（2）渗井顶部四周用黏土填筑围护，井顶应加盖封闭。

（3）渗井开挖应根据土质选用合理的支撑形式，并应随挖随支撑、及时回填。

4. 隔离工程土工合成材料

隔离工程土工合成材料施工应符合以下规定：

（1）采用搭接铺设，搭接长度宜为1000mm。

（2）土工织物上填料为碎石、沙砾或矿渣时，其最大粒径宜小于

26.5mm，通过 19mm 筛孔的材料不得大于 10%，通过 0.075mm 筛孔的材料塑性指数不得大于 6。

（3）排水隔离层顶面应高出地下水位 300mm 以上。

5. 仰斜式排水孔

仰斜式排水孔是采用小直径的排水管在边坡体内排除深层地下水的一种有效方法。它可以快速排干地下水，提高岩（土）体抗剪强度，防止边坡失稳，并减少对岩（土）体的开挖，加快工程进度和降低造价，因而在国内外山区公路中得到广泛应用。

仰斜式排水孔施工应符合下列规定：

（1）钻孔成孔直径宜为 75~150mm，仰角不小于 6°。孔深应延伸至富水区。

（2）排水管直径宜为 50~100mm，渗水孔宜按梅花形排列，渗水段裹 1~2 层无纺土工布，防止渗水孔堵塞。

6. 承压水的排除

（1）一般地区埋深较浅的承压水，宜采取在承压水出口处抛填片石或混凝土预制块等措施，使承压水消能为无压水流后再采用排水沟、渗沟等方式排走，也可用隔离层把承压水引入排水沟。

（2）一般地区层间重力水，可根据不同的含水情况和压力情况，采取渗沟、排水沟、渗井和暗沟（管）等措施排除。

（3）寒冷地区，埋藏于冻土层以下的承压水，宜采取渗沟、排水沟、渗井和暗沟（管）等措施排除；但如果因地形条件所限，排水设施不能埋设于当地冰冻深度以下时，上层填土宜采取保温措施，与排水设施出口处相连接的沟槽应做成保温沟，保温沟的保温覆盖层的布设范围应在排水设施出口处向外延伸2~5m，并应加大出水口处排水沟纵坡。

（4）在寒冷地区，山坡较平缓，含水量和覆盖层又较浅，且涌水量、动水压力不大的情况下，可在覆盖层中挖冻结沟，使含水层袒露于负温下冻结。

（六）地下排水工程质量要求与检验评定

1. 管道基础及管节安装

（1）基本要求。管材必须逐节检查，不得有裂缝、破损；基础混凝土强度达到5MPa以上时，方可进行管节铺设；管节铺设应平顺、稳固，管底坡度不得出现反坡，管节接头处流水面高差不得大于5mm。管内不得有泥土、砖石、砂浆等杂物；管道内的管口缝，当管径大于750mm时，应在管内做整圈勾缝；管口内缝砂浆平整密实，不得有裂缝、空鼓现象。抹带前，管口必须洗刷干净，管口表面应平整密实，无裂缝现象，抹带后应及时覆盖养生。设计中要求防渗漏的排水管应做渗漏试验，渗漏量应符合要求。

（2）实测项目。管材实测项目包括混凝土抗压强度或砂浆强度、管轴线偏位、管内底高程、基础厚度、管座宽度、抹带宽厚度、相邻管内底错口。

（3）外观鉴定。管道基础混凝土表面平整密实，侧面蜂窝不得超过该表面积的1%，深度不超过10mm。管节铺设顺直，管口缝带圈平整密实,无开裂脱皮现象。抹带接口表面应密实光洁,不得有间断和裂缝、空鼓。

2. 检查井、雨水井砌筑

(1) 基本要求。井基混凝土强度达到 5MPa 时,方可砌筑井体;砌筑砂浆配合比准确,井壁砂浆饱满,灰缝平整。圆形检查井内壁应圆滑,抹面密实光洁,踏步安装牢固;井框、井盖安装必须平稳,井口周围不得有积水。

(2) 实测项目。检查井、雨水井砌筑实测项目包括砂浆强度、轴线偏位、圆井直径或方井长(宽)、井底高程、井盖与相邻路面高差。

(3) 外观鉴定。井内砂浆抹面无裂缝。井内平整圆滑,收分均匀。

3. 盲沟

(1) 基本要求。盲沟的设置及材料规格、质量等应符合设计要求和施工规范规定;反滤层应用筛选过的中砂、粗砂、砾石等渗水性材料分层填筑;排水层应采用石质坚硬的较大粒料填筑,以保证排水孔隙度。

(2) 实测项目。盲沟的实测项目包括沟底高程和断面尺寸。

(3) 外观鉴定。反滤层应层次分明,进出水口应排水通畅。

4. 土工合成材料

(1) 基本要求。土工合成材料质量应符合设计要求,无老化,外观无破损、无污染;土工合成材料应紧贴下承层,按设计和施工要求铺设、张拉、固定;土工合成材料的接缝搭接、黏结强度和长度应符合设计要求,上、下层土工合成材料搭接缝应交替错开。

(2) 实测项目。土工合成材料实测项目包括下承层、平整度、拱度、搭接宽度、搭接缝错开距离、锚固长度。

(3) 外观鉴定。土工合成材料不重叠、皱折平顺，土工合成材料固定处不松动。

二、防护工程施工

坡面防护，主要是保护路基边坡表面，免受雨水冲刷，减缓温差及湿度变化影响，防止和延缓软弱岩土表面的风化、碎裂、剥蚀演变过程，从而保证路基稳定，防治路基病害，保证公路运行安全。常用的坡面防护包括植物防护、骨架植物防护、圬工防护、封面和捶面防护等方法。在设计过程中，尽量采用边坡稳定下的植物防护或不设防护，认真考虑防护与周围环境协调，努力做到"畅洁绿美"的效果。

（一）植物防护

植物防护，可美化路容，协调环境，调节边坡土的湿度，起到固结和稳定边坡的作用。它对于坡高不大、边坡比较平缓的土质坡面，是一种简易有效的防护设施。它包括植被防护、三维植被网防护、湿法喷播、客土喷播等。

1. 植被防护

(1) 种草。种草适用于边坡稳定、坡面冲刷轻微的路堤边坡或路堑边坡。一般要求边坡坡度不陡于1∶1，边坡地表水径流速度不超过0.6m/s。长期浸水的边坡不宜采用。

采用种草防护时，草种的选择应考虑防护的目的、当地的土质、气候、施工季节，通常选用易成活、生长快、根系发达、叶茎矮或有攀援茎的多年生草种。最好采用几种草种混合播种，使之生成一个良好的覆盖层。

播种的坡面应平整、密实、湿润。播种方法有撒播法、喷播法和行播法等。采用撒播法时，草籽应均匀撒布在已清理好的土质边坡上，同时做好保护措施。对于不利于草类生长的土质，应在坡面上先铺一层5~10cm厚的种植土。路堑边坡较陡或较高时，可通过试验采用草籽与含肥料的有机质泥浆混合，用喷播法将混合物喷射于坡面。采用行播法时，草籽埋入深度应不小于5cm，且行距应均匀。

播种应在温度、湿度较大的季节进行。播种前应在路堤的路肩和路堑的堑顶边缘埋入与坡面齐平的宽20~30cm的带状草皮，播种后，应适时进行洒水施肥、清除杂草等养护管理，直到植物覆盖坡面。

（2）铺草皮。铺草皮适用于需要快速绿化的项目，且坡面缓于1∶1的土质边坡和严重风化的软质岩石边坡。铺草皮一般应在春季或秋季施工，气候干旱地区应在雨季施工。铺草皮的施工方式有平铺（平行于坡面）、水平叠置、垂直坡面或与坡面成一半坡角的倾斜叠置。

铺草皮需预先备料，草皮可就近培育，切成整齐块状，然后移铺在坡面上。铺时应自下而上，并用竹木尖桩将草皮钉在坡面上，使之稳定。草皮根部土应随草切割，坡面要预先整平，必要时还应加铺种植土，草皮应随挖随铺，注意相互贴紧。

（3）植树防护。植树防护适用于坡面缓于1∶1.5的边坡，或在路基边坡以外的河岸及漫滩上植树，对加固路基与防护河岸可收到良好的效果。它可以降低水流速度，种在河滩上可促使泥沙淤积，防止水流直接冲刷路堤。在风沙和积雪地区，林带可以防沙防雪，保护路基不受侵蚀。此外，林带还可以美化路容，调节气候，改善高等级公路的景观效果。防护林带的种植方法和种植间距与树的品种、植树目的及所在地区有关，可结合当地植树造林和公路路旁植树绿化情况综合考虑。

2. 三维植被网防护

三维植被网防护是土工织物复合植被防护坡面的一种典型形式，它以热塑料树脂为原料，采用科学配方及工艺制成。其结构分为上、下两层：下层为一个经双面拉伸的高模量基础层，强度足以防止植被网变形；上层由具有一定弹性的、规则的、凹凸不平的网包组成。网包能降低雨滴的冲刷能力，并阻挡坡面雨水，同时能很好地固定充填物不被雨水冲走，为植物生长创造条件。

3. 湿法喷播

湿法喷播是由欧美引进的一种机械化植被建植技术，即将植物种子、肥料、土壤稳定剂和水按一定比例混合均匀，用专门的设备（喷播机）喷射到边坡上，种子在较稳定的时间内萌芽、生长成株、覆盖坡面，以达到迅速绿化、稳固边坡的目的。

4. 客土喷播

客土喷播是源自日本的一种喷播建植技术。客土喷播是将客土（提供植物生育的基盘材料）、纤维（基盘辅助材料）、侵蚀防止剂、缓效肥料和种子按一定比例，加入专门设备中充分混合后，喷射到坡面，使植物获得生长条件，以达到快速绿化的目的。客土喷播主要用于风化岩、土壤较少的软质岩石、养分少的土壤、硬质土壤、植物立地条件差的高大陡坡面和受侵蚀显著的坡面，其主要目的是保护边坡的稳定、安全，同时又能最大限度地恢复自然生态。客土喷播技术，一般先打锚杆，挂镀锌钢筋网，然后播客土。播种前应施一定基肥，草坪生长期应施以追肥，且适时浇水养护，浇水应使用无油、酸、碱、盐及任何有害于苗木生长的物质的水。当坡率陡于 1∶1 时，宜设置挂网或混凝土框架。

(二) 骨架植物防护

1. 浆砌片石或混凝土块骨架植草护坡

浆砌片石（混凝土块）骨架植草防护适用于土质和强风化的岩石边坡，防止边坡受雨水侵蚀，避免土质坡面上产生沟槽。其形式多样，主要有拱形骨架、菱形（方格）骨架、人字形骨架、多边形混凝土空心块等。浆砌片石（混凝土块）骨架植草防护既稳定路基边坡，又能节省材料，造价较低，施工方便，造型美观，能与周围环境自然融合，是目前高速公路边坡防护的主要形式之一，值得推广应用。

2. 多边形水泥混凝土空心块植物防护

(1) 适用于坡度缓于 1∶0.75 的土质边坡和全风化、强风化的岩石路堑边坡，并视需要设置浆砌片石或混凝土骨架。

(2) 多边形空心预制块的混凝土强度不应低于 C20，厚度不应小于

150mm。空心预制块内应填充种植土，喷播植草。

3. 锚杆混凝土框架植草防护

锚杆混凝土框架植草防护是近年来在总结锚杆挂网喷浆（混凝土）防护的经验教训后发展起来的，它既保留了锚杆对风化破碎岩石边坡主动加固作用，防止岩石边坡经开挖卸荷和爆破松动而产生的局部破坏，又吸收了浆砌片石（混凝土块）骨架植草防护的造型美观、便于绿化的优点。

锚杆混凝土框架植草防护形式有多种组合：锚杆混凝土框架+喷播植草、锚杆混凝土框架+挂三维土工网+喷播植草、锚杆混凝土框架+土工格室+喷播植草、锚杆混凝土框架+混凝土空心砖+喷播植草等。锚杆混凝土框架植草防护适用于土质边坡和坡体中无不良结构面、风化破碎的岩石路堑边坡。

（三）圬工防护

圬工防护包括喷浆防护、锚杆挂网喷浆、石砌护坡和护面墙等结构形式。圬工防护存在的主要问题是与周围环境不协调，道路景观差，应尽量少用，尤其是不适宜采用锚杆挂网喷浆。若要采用圬工防护，应加强其细部处理设计，注意与周围自然环境和当地人文环境的融合，并在边坡碎落台、平台上种植攀藤植物，如爬山虎，或者采取客土喷播的岩面植生措施，以减少对周围环境的影响。

圬工防护用于路堑边坡防护时，应注意与边坡渗沟或仰斜排水孔等配合使用，防止边坡产生变形破坏；浆砌片石护坡高度较大时，应设置防滑耳墙，保证护坡稳定。

（四）封面和捶面防护

对于不适宜草木生长的较陡的岩石边坡，可以采用封面、捶面等方法进行工程防护。

1. 封面防护

封面防护，适用于易风化而表面比较完整，尚未严重风化剥落的岩石边坡，但对由煤系岩层及成岩作用很差的红色黏土岩组成的边坡不适用。边坡坡度不受限制，但坡面应较干燥。

2. 捶面防护

捶面适用于易受冲刷的土质边坡或易风化剥落的岩石边坡，边坡坡度不大于1∶0.5。捶面厚度10~15cm，一般采用等厚截面，当边坡较高时，采用上薄下厚截面。捶面护坡与未防护坡面衔接应封闭，其措施与封面相同。坡脚设1~2m高的浆砌片石护坡。捶面材料常用石灰土、二灰土等。

三、加固工程施工

支挡构筑物即路基加固工程，其作用是支挡路基体，以保证路基在自重及各种自然因素作用下保持稳定。常用的支挡构筑物主要是挡土墙。

挡土墙是指支撑路基填土或山坡土体，以防止其变形失稳的结构物。同时，也是高等级公路重要的结构物。可以利用石料修建干砌或浆砌石料挡土墙，也可以利用水泥及钢筋、砂石材料修建毛石混凝土挡土墙或钢筋混凝土挡土墙。

第四章　路面施工

第一节　路面垫层施工

一、路面垫层结构类型

垫层是基层或底基层与路基之间的结构层次，主要起扩散荷载应力和改善路基水温状况的作用。

垫层往往是为蓄水、排水、隔热、防冻等设置的，所以通常设在路基处于潮湿或过湿以及有翻浆的地段。在地下水位较高的地区铺设的能起隔水作用的垫层称隔离层，在冰冻较深地区铺设的能起防冻作用的垫层称防冻层。此外，垫层还能扩散由基层传下来的应力，以减小土基的应力和变形，而且它也能阻止路基土挤入基层中，从而保证基层的结构性能。

按照结构类型，垫层可分为两大类：一类是用松散粒料，如砂、砾石、炉渣等组成的透水性垫层；另一类是整体性材料，如石灰土或炉渣石灰土等组成的稳定性垫层。

二、路面垫层的基本要求

（一）材料要求

选用材料要求含泥量小于5%；优先选用优质沙砾或用石料破碎的碎石，但粉尘大的石料不宜采用；材料应洁净，采用破碎碎石时，碎石破碎时间不能过长，表面沾有大量石粉的石料不宜用于垫层；集料材料应具有足够的强度，应满足三级以上石料的标准；粒径小于5mm部分基本没有塑性，建议塑性指数小于2。其中，粒径小于0.075mm颗粒含量应尽可能少，最好少于3%，受条件限制时也不宜超过5%，并应具有足够的渗透系数；对级配要求不需要太严，但应满足稳定性要求。

（二）质量要求

路面垫层首先要具有较高的弹性模量，这样才能提供良好的荷载分布能；其次要具备较高的抗剪强度，从而减轻车辆作用下的辙槽；再次还要具较高的透水性，可以使进入的自由水在有条件时能快速排出；最后，其中的细土的塑性还要尽可能小，这样可以保证良好的水稳性。通常使用的材料一般为无结合料的级配碎（砾）石等。

如果满足上面对路面垫层材料的要求，其材料限制要大得多。采用的材料级配良好，在充分压实的条件下，就可以保证有足够的强度和模量，可以满足受力的需要，但其透水性和水稳性难以保证。在目前规范对这种材料的要求中，规定的垫层材料粒径小于0.075mm的颗粒含量可达 7%~10%，同时允许有一定的冻胀性。材料尽管有黏聚力，但非常小，甚至不足以抵抗由于黏粒的自然膨胀所产生的作用。因此，这种结构不利于提高路面使用寿命。

要具有大的渗透系数。粒径小于 0.075mm 的颗粒含量要尽可能少，材料以嵌挤骨架结构为佳，具有较大的孔隙率。这种结构毛细作用很弱，不易存水，具有较小冻胀性，能真正起到切断毛细水上升、防冻、吸收路基所产生裂缝的作用。

尽管这种结构能够符合现行规范对级配碎（砾）石底基层的要求，但按现行规范规定，施工的垫层大部分不能满足要求。在实际使用中，垫层几乎没有真正能够满足使用要求的。因此，对路面垫层制定专门的技术要求是必要的。

（三）目前使用的路面垫层的缺点

由于以上所讲的垫层要求材料黏聚性小，并且缺少用于填充孔隙的细颗粒的特点，因此其在压实后与常见的级配碎（砾）石底基层不同，主要表现如下：

（1）压实后始终处于松散状态，只要行车，平整的表面马上会被破坏。

（2）标高难以控制。主要是粗集料、细料相对较少，因此难以用细料找平顶面，影响标高控制精度。

（3）压实度难以准确检测。由于结构层处于松散状态，在挖坑过程中不能保证坑壁稳定，无法用灌砂法等检测，采用核子密度湿度仪也只能用表面散射法检测其密实度,而且无法校验。

(4) 弯沉检测困难。砂砾垫层经常担负处理挖方段软弱路槽的作用,路基强度无法检测,就换成检测垫层顶面的弯沉。由于汽车车轮着地面积小,在车轮作用下,表层的部分沙砾可能会发生轻微变位,因此导致弯沉检测结果不准确。

(5) 其他诸如平整度、厚度、横坡等的指标控制难度也相对较大。

由于以上原因,施工单位在具体实施时一般倾向于选择颗粒较多、具有一定黏性、易于压实和成形的级配。但是,尽管表面看效果非常好,却影响了垫层的使用效果,可以说,这是由现行规范的不完善造成的。

三、路面垫层施工要点

(一) 松散粒料类垫层施工

应在经监理工程师验收合格后的路基上铺筑垫层材料。垫层施工采用人工和机械相结合的施工方法。

(1) 下承层准备:下承层表面应平整、坚实,具有规定的路拱。下承层的平整度和压实度应符合检查验收规定的要求。

(2) 测量放样:在路基上恢复中线,并在两侧路肩边缘外设指示桩。在两侧指示桩上用明显标记标出结构层边缘的设计高程。

(3) 培路槽:按设计宽度培出同垫层厚度等厚的(压实)路槽。按预计松铺系数在两侧做培肩,用振动压路机碾压,切边,达到边线顺直、圆滑、坡度平整、不积水。路肩内侧竖向垂直稳定,多雨季节不宜切肩过早。

(4) 铺筑试验段：施工前做不小于200m的试验段，确定松铺系数、碾压机具的组合、碾压遍数、现场最佳含水量，以指导垫层施工。

(5) 备料：计算各种材料用量，并计算每车料的堆放距离，采取措施确保材料的最佳含水量。

(6) 运输和摊铺。

①运输车辆要选用保水性好的大吨位自卸汽车。材料装车时，应控制每车料的数量基本相等。为避免扬尘，严格控制汽车运行速度。

②事先规定好汽车运输路线，并在危险路口设置专人指挥，现场固定调头位置，以避免过大地破坏下承层面积。

③自卸车卸料动作连续，倒车时不得撞击摊铺设备。在同一料场供料的路段内，宜由远到近卸置集料。卸料距离应严格控制，避免集料不够或过多。

④摊铺过程中要匀速行驶，无特殊情况不准停车。两侧空缺设专人找补，要求平整密实。人工找补时，要求扣锹，不得散扬。

⑤用平地机或其他合适的机具将混合料均匀地摊铺在预定的宽度上，表面应力求平整，并具有规定的路拱，应同时摊铺路肩用料。

⑥检查松铺材料层厚度，必要时应进行减料或补料工作。

⑦每日施工段结束，将结束段尾端全部碾压，用三米尺反复测量，确定正确位置后，将多余部分清除。

⑧摊铺后混合料应无明显离析现象。

(7) 碾压。

当混合料的含水量等于或略大于最佳含水量时,立即用 12t 以上三轮压路机、振动压路机或轮胎压路机进行碾压。碾压时,后轮应重叠 1/2 轮宽;后轮必须超过两段的接缝处。后轮压完路面全宽时,即为 1 遍。碾压要一直进行到要求的密实度,一般需压 6~8 遍,应使表面无明显轮迹。压路机的碾压速度,前两遍以 1.5~1.7km/h 为宜,以后用 2.0~2.5km/h。立即检测密实度,以灌砂法为准。用酒精烧干法快速测定含水量,跟踪快速检测的目的主要是掌握和控制是否需要碾压。

碾压方法及原则:在直线段,由路肩向中心碾压;在平曲线段,由低处向高处碾压。严禁压路机在已完成的或正在碾压的路段上调头和急刹车,以保证底基层表面不受破坏。压路机禁止停放在未压实路面的部位。碾压应遵循先轻后重、先缓后快的原则。

(8) 一个路段碾压完成以后,应按批准的方法做密实度试验。被检验的材料没有达到所需的密实度、稳定性,则应重新碾压、整形及整修。

(9) 在已完成的垫层上不大于 2000m² 随机取样 4 次。自检合格,报请工程师检测,签证进行后续工程施工。

(二) 施工注意事项

铺筑垫层前,在放样好的桩位挂线施工,应将路基表面上的浮土、杂物全部清除,并洒水湿润。

天然混合沙砾或未筛分碎石,可直接摊铺碾压,分级准备的材料宜用拌和机拌和均匀后方可摊铺。应采用机械摊铺,在摊铺过程中避免离析，对于局部发生离析的部位，应通过补充拌和保证其均匀性，严重离析的部位应局部换料。摊铺后的垫层应具有合适的路拱和均匀一致的初始密实度，以保证压实效果。

如果是用推土机配合平地机进行摊铺，应用推土机充分排压后再整平，方可碾压。初始压实度不均的后果将是局部压实度不足。应在适当含水量下压实，适当的含水量可以保证压实效果。凡是压路机不能压到处都要采用夯实机进行夯实，直到符合规范要求。严禁压路机在已经完成的或正在施工的路段上调头和急刹车。

压实合格的标准是自重 10~12t 的振动压路机在 20~22t 激振力下进行碾压，表面无明显推移和轮迹。每段路碾压完后由质检员进行检测，并把试验资料交监理工程师审批。

在进行下一层施工前，必须封闭交通。缺少黏聚力的垫层在行车荷载作用下表面必然会被破坏，如果长期大量行车，受影响程度将相当大。因此在下一层施工时，车辆应尽可能避免在垫层上行走。这样表面的破坏不会对其整体强度产生影响，但在下一层施工时必须保证压实，使受破坏的表面重新处于稳定状态。

（三）整体稳定类垫层施工

稳定类结构层施工的方法主要分为路拌法施工、集中厂拌法施工及人工沿路拌和法施工三种。用作垫层时一般采用路拌法施工，在无路拌机械的情况下，也可采用人工沿路拌和法施工。下面以灰土垫层为例介绍施工方法。

1. 施工工艺流程

路拌法施工工艺流程为:准备下承层→施工放样→备料、摊铺土→洒水闷料→整平和轻压→卸置和摊铺石灰→拌和与洒水→整形→碾压→接缝和掉头处理→养生。

2. 路拌法施工要点

1)准备下承层

下承层表面应平整、坚实,具有规定的路拱。下承层的平整度和压实度应符合检查验收规定的要求。

2)施工放样

在下承层上恢复中线,直线段每15~20m设一桩,平曲线段每10~15m设一桩,并在两侧路肩边缘外设指示桩。在两侧指示桩上用明显标记标出水泥稳定类结构层边缘的设计高程。

3)备料

(1)对于塑性指数小于15的黏性土,机械拌和时,可视土质和机械性能确定是否需要过筛。人工拌和时,应筛除15mm以上的土块。

(2)若采用二灰土,运到现场的粉煤灰应含有足够的水分,防止扬尘。在干燥和多风季节,应使料堆表面保持湿润或者覆盖。如在堆放过程中部分粉煤灰出现结块,使用时应将其打碎。场地集中堆放的粉煤灰应予以覆盖,避免因雨淋而过分潮湿。

(3)石灰应选择公路两侧宽敞、邻近水源且地势较高的场地集中堆放。当堆放时间较长时,应覆盖封存。石灰堆放在集中拌和场地的时间较长时，也应覆盖封存。

（4）生石灰块应在使用前 7~10d 充分消解。消解后的石灰应保持一定的湿度，不得产生扬尘，也不可过湿成团。消石灰宜过孔径 10mm 的筛，并尽快使用。

（5）根据各路段结构层的宽度、厚度及预定的干密度，计算各路段需要的干混合料质量。根据混合料的配合比、材料的含水量以及所用运料车辆的吨位，计算各种材料每车料的堆放距离。

4）摊铺土

应事先通过试验确定土的松铺系数。

5）洒水闷料

对于所使用的土，如含水量过小，应在土层上洒水闷料。预湿过程中，在应使土的含水量约为最佳含水量的 70%。

洒水应均匀，防止出现局部水分过多或水分不足现象，并严禁洒水车在洒水段内停留和掉头。细粒土应经一夜闷料，中粒土、粗粒土视其中细土含量的多少，可缩短闷料时间。

如果隔天预湿素土可能因遭受夜雨而变得过分潮湿，可考虑在当天清晨进行预湿工作。

6）整平和轻压

对人工摊铺的土层整平后，再用 6~8t 两轮压路机碾压 1~2 遍，使土表面平整并有一定的压实度。

7）摊铺石灰

（1）按计算所得的每车石灰的纵横间距，用石灰在土层上做标记，同时画出摊铺石灰的边线。

（2）用刮板将石灰均匀摊开，石灰摊铺完成后，表面应没有空白位置。量测石灰的松铺厚度，根据石灰的含水量和松散密度，校核石灰用量是否合适。

8）拌和与洒水

（1）当使用生石灰粉时，宜先用平地机或多铧犁将石灰翻到土层中间，但不能翻到底部。

（2）石灰稳定细粒土和中粒土，在没有专用拌和机械的情况下，可用农用旋转耕作机与多铧犁或平地机相配合拌和 4 遍。

（3）拌和过程中混合料的含水量及检查应符合相关的规定。

（4）用石灰稳定塑性指数大的黏性土时，应拌和两次。第一次加 70%~100%预定剂量的石灰进行拌和，闷放 1~2d，此后补足需用的石灰，再进行第二次拌和。

9）整形和碾压

混合料拌和均匀后，应立即用平地机初步整形。在直线段，平地机由两侧向路中心进行刮平；在平曲线段，平地机由内侧向外侧进行刮平。必要时，再返回刮 1 遍。

用拖拉机、平地机或轮胎压路机立即在初平的路段上快速碾压 1 遍，以暴露潜在的不平整；再用平地机如前述要求进行整形，必要时用新拌的混合料进行找补,然后用平地机整平1次。在整形过程中,严禁任何车辆通行,并保持无明显的粗细集料离析现象。

经过拌和、整形的灰土混合料宜立即完成碾压,并达到要求的密实度,同时没有明显的轮迹。

施工中根据路宽、压路机的轮宽和轮距的不同,制订碾压方案,应使各部分的碾压次数尽量相同,路面的两侧应多压2~3遍。整形完成后,当混合料的含水量为最佳含水量(1%~2%)时,应立即用轻型压路机并配合12t以上压路机在结构层全宽内进行碾压。

碾压时,直线和不设超高的平曲线段,由两侧路肩向路中心碾压。设超高的平曲线段,由内侧路肩向外侧路肩进行碾压,并重叠1/2轮宽。后轮必须超过两段的接缝处,后轮压完路面全宽时即为1遍,一般需碾压6~8遍。采用人工摊铺和整形的稳定土层,宜先用拖拉机或6~8t两轮压路机或轮胎压路机碾压1~2遍,然后用重型压路机碾压。

碾压过程中严禁压路机在已完成的或正在碾压的路段上掉头或急刹车,应保证稳定土表层不受破坏。稳定土或集料的表面应始终保持湿润,如水分蒸发过快,应及时均匀补洒少量的水,但严禁洒大水碾压。如有"弹簧"、松散、起皮等现象,应及时翻开重新拌和或用其他处治方法,使其达到质量要求。在碾压结束之前,用平地机再终平1次,使其纵向顺适,路拱和超高符合设计要求。

10)接缝和掉头处的处理

同日施工的两工作段的衔接处,应采用搭接形式。前一段拌和整形后，留 5~8m 不进行碾压，后一段施工时，应与前一段留下未压部分一起再进行拌和，并与后一段一起碾压。拌和机械或其他机械不宜在已压成的石灰稳定类结构层上掉头，如必须掉头，应采取措施保护掉头部分，使石灰稳定类结构层不受破坏。纵缝的处理：在摊铺后一幅时，应将前一幅边部未压实部分挖松并补充洒水，待后一幅摊铺后一起进行平整和碾压。

11) 养生与交通管制

石灰土结构层需要保湿养生，养生期要符合规范要求。

石灰稳定土在养生期间应保持一定的湿度，不应过湿或忽干忽湿。养生期不宜少于 7d。每次洒水后，应用两轮压路机将表层压实。

在养生期间未采取覆盖措施的石灰稳定土层，除洒水车外，应封闭交通。

石灰稳定土分层施工时，下层石灰稳定土碾压完成后，可以立即铺筑一层石灰稳定土，不需专门的养生期。

养护结束，应立即进行上层水泥稳定碎石土基层施工。

3. 人工沿路拌和法施工技术要点

1) 备料

将需稳定的土料按事先计算的数量运到路上分堆堆放，应每隔一定距离留一缺口。再将消石灰按事先计算的数量运到路上并直接卸在土堆上或土堆旁。

2）拌和

筛拌法：将土和石灰混合或交替过孔径 15mm 的筛，筛余土块应随时打碎随时过筛。过筛后，适当加水，拌和到均匀为止。

翻拌法：将过筛的土和石灰先干拌 1~2 遍，然后加水拌和，应不少于 3 遍，直到均匀。

为了使混合料的水分充分渗透均匀，可在当天拌和后堆放闷料，第二天再摊铺使用。

3）摊铺

将拌好的灰土按松铺厚度在路段上摊铺。

4）整形与碾压

与路拌法施工中的相应工序要求相同。

第二节　路面基层施工

直接位于沥青面层下、用高质量材料铺筑的主要承重层或直接位于水泥混凝土面板下、用高质量材料铺筑的一层称为基层。基层可以是一层或两层，可以是一种或两种材料。在沥青路面基层下，用质量较次材料铺筑的次要承重层或在水泥混凝土路面基层下，用质量较次材料铺筑的辅助层称为底基层。底基层可以是一层或两层以上，可以使用一种或两种材料。

路面基层或底基层分为以下三大类：

(1) 无机结合料稳定类

在集料或粉碎的（或原来松散的）土中掺入一定量的无机结合料（包括水泥、石灰或粉煤灰等）和水，经拌和得到的混合料经压实与养生后，其抗压强度符合规定的要求时，称为无机结合料稳定类材料，以此修筑的路面结构层称为无机结合料稳定类材料结构层。

无机结合料稳定类材料结构层的刚度介于柔性路面材料（如沥青类路面材料、砂石类路面材料）和刚性路面材料（如水泥混凝土）之间。因此，采用无机结合料稳定类材料或土类材料铺筑的基层称为半刚性基层。以此修筑的底基层亦称为半刚性底基层。它包括石灰稳定类、水泥稳定类和石灰工业废渣类三种。

(2) 粒料类

粒料类结构层是用粗、细碎石或砾石、砂、黏土（或不含黏土）按照级配原则或嵌挤原则铺筑而成的结构层。

级配型的碎石或砾石结构层包括级配碎石、级配砾石、级配碎砾石（碎石和沙砾的混合料，也常将砾石中的超尺寸颗粒砸碎后与沙砾一起组成碎砾石）以及符合级配、塑性指数等技术要求的天然沙砾（或称级配沙砾）等。

几种粒径不同的碎石和石屑各占一定比例组成的混合料，当其颗粒组成符合规定的密实级配要求时，称为级配碎石。级配碎石结构分为骨架密实型和连续级配型两种。

粗、细砾石集料和砂各占一定比例的混合料，当其颗粒组成符合规定的密实级配要求时，称为级配砾石。

嵌锁型的碎石结构层包括填隙碎石、泥结碎石、泥灰结碎石等。泥结碎石、泥灰结碎石目前已很少使用。

用单一尺寸的粗碎石做主集料，形成嵌锁作用，用石屑填满碎石间的空隙，增加密实度和稳定性，这种结构称为填隙碎石。

(3) 水泥混凝土类

贫混凝土及碾压式混凝土亦可作为路面的基层。此类基层的强度很高，在车轮荷载作用下产生的弯沉变形很小，也称为刚性基层。

一、路面基层常用材料

(一) 水泥稳定类

1. 土和集料

(1) 对于二级和二级以下的公路，水泥稳定土所用的粗粒土、中粒土、细粒土应满足以下要求：

水泥稳定土用于底基层时，单个颗粒的最大粒径不超过53mm，水泥稳定土的颗粒组成应在规定范围内，土的均匀系数大于5。细粒土的液限不应超过40，塑性指数不应超过17。对于中粒土和粗料土，如土中粒径小于0.6mm的颗粒含量在30%以下，塑性指数可稍大。

(2) 对于高速公路和一级公路，水泥稳定土所用的粗粒土和中粒土应满足以下要求：

水泥稳定土用作底基层时，单个颗粒的最大粒径不应超过37.5mm。

水泥稳定土的颗粒组成应在规定的级配范围内，土的均匀系数应大于5。细粒土的液限不应超过40%，塑性指数不应超过17。对于中粒土和粗粒土，如土中粒径小于0.6mm的颗粒含量在30%以下，塑性指数可稍大。实际工作中，宜选用均匀系数大于10、塑性指数小于12的土。塑性指数大于17的土，宜采用石灰稳定，或用水泥和石灰综合稳定。对于中粒土和粗粒土，宜采用规定的级配范围，但粒径小于0.075mm的颗粒含量和塑性指数可不受限制。

2. 水泥

普通硅酸盐水泥、矿渣硅酸盐水泥和火山灰质硅酸盐水泥都可用于稳定土，但应选用初凝时间3h以上和终凝时间较长（宜在6h以上）的水泥，不应使用快硬水泥、早强水泥以及已受潮变质的水泥。

3. 水

凡是饮用水（含牲畜饮用水）均可用于水泥稳定土的施工。

(二) 石灰稳定类

1. 土和集料

塑性指数为15~20的黏性土以及含有一定数量黏性土的中粒土和粗粒土均适宜用石灰稳定。用石灰稳定无塑性指数的级配沙砾、级配碎石和未筛分碎石时，应添加15%左右的黏性土。塑性指数在15以上的黏性土更适宜用石灰和水泥综合稳定。塑性指数在10以下的亚砂土和砂土用石灰稳定时，应采取适当的措施或采用水泥稳定。塑性指数偏大的黏土，应加强粉碎，粉碎后土块的最大尺寸不应大于15mm，可以采用两次拌和法，第一次加部分石灰拌和后，闷放1~2d，再加入其余石灰，进行第二次拌和。

2. 石灰

石灰技术指标应符合规定，且应尽量缩短石灰的存放时间。石灰在野外堆放时间较长时，应覆盖防潮。

3. 水

凡饮用水（含牲畜饮用水）均可用于石灰土施工。

(三) 石灰工业废渣稳定土

1. 石灰和粉煤灰

石灰工业废渣稳定土所用石灰质量应符合规定的Ⅲ级消石灰或Ⅲ级生石灰的技术指标，应尽量缩短石灰的存放时间，如存放时间较长，应采取覆盖封存措施，妥善保管。

2. 土和集料

土宜采用塑性指数12~20的黏性土（亚黏土）。土块的最大粒径不应大于15mm。有机质含量超过10%的土不宜选用。二灰稳定的中粒土和粗粒土不宜含有塑性指数的土。

(四) 级配碎（砾）石

轧制碎石的材料可以是各种类型的岩石（软质岩石除外）、圆石或矿渣。圆石的粒径应是碎石最大粒径的3倍以上；矿渣应是已崩解稳定的，其干密度和质量应比较均匀，干密度不小于960kg/m³。碎石中针片状颗粒的总含量应不超过20%。碎石中不应有黏土块、植物等有害物质。石屑或其他细集料可以使用碎石场的细筛余料，也可以利用乳制沥青表面处治和灌入式使用石料时的细筛余料，或专门乳制的细碎石集料，也可以用天然沙砾或粗砂代替石屑。天然沙砾的颗粒尺寸应该合适，必要时应筛除其中的超尺寸颗粒。天然沙砾或粗砂应有较好的级配。

（五）填隙碎石

填隙碎石用作基层时，碎石的最大粒径不应超过53mm；用作底基层时，碎石的最大粒径不应超过63mm。

粗碎石可以用具有一定强度的各种岩石或漂石乳制，但漂石的粒径应为粗碎石最大粒径的3倍以上；也可以用稳定的矿渣乳制，矿渣的干密度和质量应比较均匀，且其干密度不小于960kg/m³。材料的扁平、长条和软弱颗粒的含量不应超过15%。

二、配合比和压实度控制

（一）一般规定

（1）各级公路用无机结合料稳定土的7d浸水抗压强度应符合规定。

（2）无机结合料稳定土的组成设计应根据相应的强度标准，通过试验选取最适宜稳定的土，确定必需的剂量和混合料的最佳含水量，在需要改善混合料的物理力学性质时，还应确定掺合料的比例。

(二）混合料的设计

1. 水泥稳定类

五种水泥剂量配制同一种土样、不同水泥剂量的混合料。

2. 石灰稳定类

五种石灰剂量配制同一种土样、不同石灰剂量的混合料。

3. 石灰粉煤灰稳定类

对于 CaO 含量为 2%~6% 的硅铝粉煤灰，采用石灰粉煤灰做基层或底基层时，石灰与粉煤灰的比例可以是 1∶2~1∶9。

采用二灰土做基层或底基层时，石灰与粉煤灰的比例可用 1∶2~1∶4（对于粉土，以 1∶2 为宜），石灰粉煤灰与细粒土的比例可以是 30∶70~90∶10。

三、路面基层施工工艺

（一）一般规定

1. 无机结合料稳定土

石灰稳定土适用于各级公路路面的底基层，可用作二级和二级以下公路路面的基层，但石灰土不应用作高级路面的基层。水泥稳定土和石灰工业废渣适用于各级公路路面的基层和底基层，但水泥土和二灰土不应用作高级沥青路面的基层，只能用作底基层；在高速公路和一级公路的水泥混凝土面板下，水泥土和二灰土也不应用作基层。

无机结合料稳定土层宜在春末和夏季组织施工。施工最低气温应在5℃以上,并在第一次重冰冻(-5~-3℃)到来之前一个月到一个半月完成。

稳定土层施工时必须遵守下列规定:

(1) 土块应尽可能粉碎,土块最大尺寸不应大于15mm。

(2) 配料必须准确。

(3) 路拌法施工时水泥或石灰必须摊铺均匀。

(4) 洒水、拌和必须均匀。

(5) 应严格控制基层厚度和高程,其路拱横坡度应与面层一致。

(6) 石灰稳定土应在混合料处于或略小于(如小于最佳含水量1%~2%)最佳含水量时进行碾压,水泥稳定土和石灰工业废渣应在混合料处于或略大于最佳含水量时进行碾压,直至达到按重型击实试验法确定的要求压实度。

(7) 稳定土应用12t以上的压路机碾压。用12~15t三轮压路机碾压时,每层的压实厚度不应超过15cm;用18~20t三轮压路机碾压时,每层的压实厚度应不超过20cm。对于水泥稳定粒料土、石灰稳定粒料土、二灰粒料应采用能量大的振动压路机碾压,每层的压实厚度可以根据试验适当增加。

压实厚度超过上述规定时,应分层铺筑,每层的最小压实厚度为10cm,下层宜稍厚。

(8) 必须保湿养生,不使稳定土表层干燥。

（9）稳定土层上未铺封层或面层时，除施工车辆外，禁止一切机动车辆通行。

（10）稳定土层施工时，严禁用薄层贴补的办法进行找平。

2. 填隙碎石

填隙碎石的一层压实厚度通常为碎石最大粒径的 1.5~2.0 倍。

填隙碎石适用于各级公路的底基层和二级以下公路的基层。

填隙碎石施工时，必须遵守下列规定：

（1）细集料应干燥。

（2）应采用振动压路机（振动轮每米宽的质量至少 1.8t）碾压，将粗碎石层内部的空隙全部填满。碾压后基层的固体体积率应不小于 85%，底基层的固体体积率应不小于 83%。

（3）填隙碎石基层未洒透层油或未铺封层时，禁止开放交通。

3. 级配碎砾石

级配碎砾石适用于二级和二级以下公路的基层及各等级公路的底基层。

级配碎砾石层施工时，必须遵守下列规定：

（1）颗粒级配应符合规定。

（2）配料必须准确。

（3）塑性指数必须符合规定。

（4）混合料拌和必须均匀，无粗细集料离析现象。

（5）在最佳含水量时进行碾压，直至达到重型击实试验法确定的要求压实度。

应使用12t以上三轮压路机碾压，每层压实厚度不应超过15～18cm。用重型振动压路机和轮胎压路机碾压时，每层压实厚度可达20cm。

结构层未洒透层沥青或未铺封层时，禁止开放交通。

(二) 水泥稳定类结构层施工

水泥稳定类结构层施工的方法主要分为路拌法施工和中心站（厂）集中厂拌法施工两种。

用作高速公路、一级公路底基层和二级及二级以下公路基层的水泥稳定类结构层一般采用路拌法施工，用作高速公路、一级公路基层的水泥稳定集料一般采用厂拌法施工。

1. 路拌法施工

路拌法施工水泥稳定土的工艺流程通常按顺序进行。

2. 厂拌法施工

水泥稳定土可以在中心站用厂拌设备进行集中拌和，对于高速公路和一级公路，应采用专用稳定土集中厂拌机械拌制混合料。

3. 水泥稳定类结构层施工过程中的质量控制

水泥稳定类结构层在铺筑过程中必须随时对铺筑质量进行检查、评定。

(三) 石灰工业废渣稳定土施工

1. 路拌法施工

采用路拌法进行石灰工业废渣稳定土施工宜按顺序进行。

2. 中心站集中厂拌法施工

石灰工业废渣混合料可以在中心站用多种机械进行集中拌和，也可用路拌机械或人工在现场进行分批集中拌和。对于高速公路和一级公路，应采用专用稳定土集中厂拌机械拌制混合料。

3. 人工沿路拌和法施工

对于二级以下公路和不适宜采用机械施工的小工程，可以采用人工沿路拌和法施工。

（1）备料。将细土或集料按事先计算的数量（或折算成体积）运到路上分堆堆放，且应每隔一定距离留一缺口。将粉煤灰或煤渣按事先计算的数量（或折算成体积）运到路上，直接卸在细土堆上或集料堆旁。将石灰按事先计算的数量（或折算成体积）运到路上，直接卸在粉煤灰或煤渣上。

（2）拌和。筛拌法将土、粉煤灰和石灰混合或交替过孔径15mm的筛，筛余土块、粉煤灰块随打碎随过筛。过筛以后，适当加水至比最佳含水量大1%~2%，并拌和均匀。

翻拌法将过筛的土、粉煤灰或煤渣和石灰先干拌1~2遍，然后加水拌和均匀，不宜少于3遍。对于二灰集料和石灰煤渣集料，应先将石灰和粉煤灰或煤渣拌和均匀，然后与集料一起拌和均匀。为使混合料的水分均匀，宜在当天拌和后堆放闷料，第二天再摊铺。

（3）摊铺。将拌和好的混合料按松铺厚度摊铺均匀。

（4）整形和碾压。

4. 养生及交通管制

石灰工业废渣稳定土层碾压完成后的第二天或第三天开始养生，每天洒水的次数视气候条件而定，应始终保持表面潮湿，也可用泡水养生法。对于二灰稳定粗、中粒土的基层，也可用沥青乳液和沥青下封层进行养生，养生期一般为7d。

二灰层宜采用泡水养生法，养生期应为14d。

在养生期间，除洒水车外，应封闭交通。

对于二灰集料基层，养生期结束后，宜先让施工车辆慢速通行7~10d，磨去表面的二灰薄层，或用带钢丝刷的机械扫刷去表面的二灰薄层。清扫和冲洗干净后再喷撒透层或黏层沥青。在喷撒透层或黏层沥青后，宜撒布5~10mm的小碎（砾）石，小碎（砾）石均匀撒布60%~70%的面积，然后应尽早铺筑沥青面层的底面层。

在清扫干净的基层上，也可先做下封层，防止基层干缩开裂，同时保护基层免遭施工车辆破坏。宜在铺设下封层后的10~30d内开始铺筑沥青面层的底面层。如为水泥混凝土面层，也不宜让基层长期暴晒，以免开裂。

注：如喷撒的透层沥青能透入基层，当运料车辆和面层混合料摊铺机在上行驶不会破坏沥青膜时，可以不撒布小碎（砾）石。

石灰工业废渣底基层分层施工时，下层碾压完毕后，可以立即铺筑上一层，不需专门的养生期，也可以养生7d后再铺筑另一层。

5. 路缘处理

如石灰工业废渣层上为薄沥青面层，基层每边应较面层宽20cm以上。在基层全宽上喷撒透层、黏层沥青或设下封层时，沥青面层边缘向外侧做成三角形。

如设置路缘石，必须注意防止路缘石阻滞路面表面水和结构层中水的排除。

（四）级配碎（砾）石

1. 路拌法施工

级配碎石路拌法施工工艺流程通常按顺序进行。

2. 中心站集中厂拌法施工

级配碎石混合料可以在中心站用多种机械进行集中拌和，如强制式拌和机、卧式双转轴桨叶式拌和机、普通水泥混凝土拌和机等。

对用于高速公路和一级公路的级配碎石基层和中间层，宜采用不同粒级的单一尺寸碎石和石屑，按预定配合比在拌和机内拌制级配碎石混合料。

不同粒级的碎石和石屑等细集料应隔离，分别堆放。细集料应有覆盖，防止雨淋。

在正式拌制级配碎石混合料之前，必须先调试所用的厂拌设备，使混合料的颗粒组成和含水量都能达到规定的要求。

在采用未筛分碎石和石屑时，如未筛分碎石或石屑的颗粒组成发生明显变化，应重新调试设备。

将级配碎石用于高速公路和一级公路时，应用沥青混凝土摊铺机或其他碎石摊铺机摊铺碎石混合料。摊铺机后面应设专人消除粗细集料离析现象。

用振动压路机、三轮压路机进行碾压，碾压方法同路拌法。

第三节 沥青路面施工

一、沥青路面常用材料要求

沥青路面的原材料包括沥青、粗集料、细集料、填料等。施工前，选用符合质量标准的原材料，是生产出质量优良且符合设计要求的沥青混合料的基础。

(一) 材料进场要求及存贮

(1) 施工前必须检查各种原材料的来源和质量。

对经过招标程序购进的沥青、集料等重要材料，供货单位必须提交最新检测的正式试验报告，从国外进口的材料应提供该批材料的船运单。对首次使用的集料，应检查生产单位的生产条件、加工机械、覆盖层的清理情况。所有材料都应按有关规定取样检测，经质量认可后方可订货。

(2) 材料运至现场后必须取样进行质量检验。

各种材料都必须在施工前或施工过程中以"批"为单位进行质量检验，经评定合格后方可使用，不得以供应商提供的检测报告或商检报告代替现场检测。

对各种矿料是以同一料源、同一次购入并运至生产现场的相同规格材料为一批，对沥青是指从同一来源、同一次购入且贮入同一沥青罐的同一规格的沥青为一批。材料试样的取样数量与频度按现行试验规程的规定进行。

（3）沥青必须按品种、标号分开存放。

除长期不使用的沥青可放在自然温度下存贮外，沥青在贮罐中的贮存温度不宜低于130℃，并不得高于170℃。桶装沥青应直立堆放，加盖苫布。

使用成品改性沥青的工程，应要求供应商提供所使用的改性剂型号、基质沥青的质量检测报告。使用现场改性沥青的工程，应对试生产的改性沥青进行检测。质量不合格的不可使用。

（4）不同料源、品种、规格的集料不得混杂堆放。

工程开始前或施工过程中，必须对集料的存放场地、防雨和排水措施进行确认。采取适当的措施防止对集料的污染。

（二）沥青材料

沥青路面使用的沥青包括道路石油沥青、乳化沥青、液体石油沥青、煤沥青、改性沥青、改性乳化沥青等。

（三）粗集料

沥青路面选用的粗集料包括碎石、破碎砾石、筛选砾石、钢渣、矿渣等。高速公路和一级公路不得使用筛选砾石和矿渣。粗集料必须由具有生产许可证的采石场生产或施工单位自行加工。

（四）细集料

沥青路面的细集料包括天然砂、机制砂、石屑。细集料必须由具有生产许可证的采石场、采砂场生产。细集料应洁净、干燥、无风化、无杂质，并有适当的颗粒级配。

天然砂可采用河砂或海砂，通常宜采用粗、中砂。砂的含泥量超过规定时应水洗后使用，海砂中的贝壳类材料必须筛除。

（五）填料

沥青混合料的填料必须采用石灰岩或岩浆岩中的强基性岩石等憎水性石料经磨细得到的矿粉，原石料中的泥土杂质应除净。矿粉应干燥、洁净，能自由地从矿粉仓流出。

拌和机的粉尘可作为矿粉的一部分回收使用，但每盘用量不得超过填料总量的25%，掺有粉尘填料的塑性指数不得大于4%。

粉煤灰作为填料使用时，用量不得超过填料总量的50%，粉煤灰的烧失量应小于12%。与矿粉混合后的塑性指数应小于4%，其余质量要求与矿粉相同。高速公路、一级公路的沥青面层不宜采用粉煤灰做填料。

（六）纤维稳定剂

在沥青混合料中掺加的纤维稳定剂宜选用木质素纤维、矿物纤维等。

纤维应在250℃的干拌温度不变质、不发脆，使用纤维必须符合环保要求，不危害身体健康。矿物纤维宜采用玄武岩等矿石制造，易影响环境及造成人体伤害的石棉纤维不宜直接使用。纤维必须在混合料拌和过程中能充分分散均匀。纤维应存放在室内或有棚盖的地方，松散纤维在运输及使用过程中应避免受潮，不结团。

纤维稳定剂的掺加比例以沥青混合料总量的质量百分率计算，通常情况下，用于 SMA 路面的木质素纤维不宜低于 0.3%，矿物纤维不宜低于 0.4%，必要时可适当增加纤维用量。纤维掺加量的允许误差不宜超过 ±5%。

（七）施工过程中对原材料的检验

沥青混合料在生产过程中，对各种原材料进行抽样试验，质量应符合现行施工技术规范规定的技术要求。每个检查项目的平行试验数或一次试验的试样数必须按相关试验规程的规定进行，并以平均值评价是否合格。

二、沥青路面施工工艺

（一）沥青路面的分类

沥青类结构层可按沥青面层强度构成原理、施工工艺、面层的使用品质进行分类。

1. 按沥青面层强度构成原理分类

沥青路面按沥青面层强度构成原理可分为密实型、嵌挤型和嵌挤密实型三大类。

密实型沥青结构层的集料级配按最大密实原则设计，颗粒尺寸连续多样，其强度和稳定性主要取决于沥青混合料的黏聚力和内摩阻力。此类路面的主要特点是空隙率较小（小于10%），沥青混合料致密耐久，但热稳性较差。

嵌挤型沥青结构层要求采用颗粒尺寸较为均匀的集料与沥青分层铺筑或采用开级配（半开级配）沥青碎石混合料铺筑，结构层的强度和稳定性主要依靠集料之间相互嵌挤产生的内摩阻力，而黏聚力则起次要作用。此类路面的主要特点是热稳性较好，但因空隙率较大（大于10%），易渗水，因而耐久性较差。嵌挤密实型沥青结构层的粗集料嵌挤作用较好，设计空隙率较小（小于10%），其强度和稳定性主要取决于沥青混合料的内摩阻力和黏聚力。此类路面的主要特点是沥青混合料致密耐久，热稳性也较好。

2. 按施工工艺分类

按施工工艺的不同，沥青路面可分为层铺法、路拌法和厂拌法三类。

层铺法是指用分层撒布沥青，分层铺撒矿料和碾压的方法修筑。其主要优点是工艺和设备简便、功效较高、施工进度快、造价较低；缺点是路面成形期较长，需要经过炎热季节行车碾压之后路面方能成形。用这种方法修筑的沥青路面有沥青表面处治和沥青灌入式两种。

路拌法是在路上用机械将矿料和沥青材料就地拌和摊铺，经碾压密实而成的沥青面层。此类面层所用的矿料为碎（砾）石者称为路拌沥青碎（砾）石，所用的矿料为土者则称为路拌沥青稳定土。路拌沥青面层，通过就地拌和，沥青材料在矿料中分布比层铺法均匀，可以缩短路面的成形期。但因所用的矿料为冷料，需使用黏稠度较低的沥青材料，故沥青混合料的强度较低。

厂拌法是将规定级配的矿料和沥青材料在工厂用专用设备加热拌和，然后送到工地摊铺碾压而成的沥青路面。厂拌法按沥青混合料铺筑时温度的不同，又可分为热拌热铺和热拌冷铺两种：热拌热铺沥青混合料是在专用设备中加热拌和后立即趁热运到路上摊铺压实；如果沥青混合料加热拌和后贮存一段时间再在常温下运到路上摊铺压实，即为热拌冷铺。厂拌法使用较黏稠的沥青材料，且矿料经过精选，因而沥青混合料质量高，使用寿命长，但修建费用也较高。

3. 按面层的使用品质分类

沥青路面按面层的使用品质可分为沥青混凝土路面、沥青碎石路面、沥青灌入式路面、沥青表面处治路面等类型。此外，近年来采用的新型路面结构有多碎石沥青混凝土路面、大粒径沥青混凝土路面、开级配排水式抗滑磨耗层路面等。

(二) 沥青路面的功能结构层

为加强沥青路面各结构层的层间接触，避免层间滑动位移的产生，保持路面结构的整体性，在基层表面以及面层间设置的沥青或沥青混合料连接层，也称为功能结构层。这些功能结构层不作为路面力学计算模型中的结构层，在路面厚度计算中不计其厚度。

1. 透层

为使沥青面层与非沥青材料基层结合良好，在基层上喷洒液体石油沥青、乳化沥青或煤沥青而形成的透入基层表面一定深度的薄层，称为透层，或称为透层沥青或透层油。

沥青类面层下的级配砂砾、级配碎石基层，以及水泥、石灰、粉煤灰等无机结合料稳定土或粒料的半刚性基层上必须浇洒透层沥青。基层上设置下封层时，透层油不宜省略。

2. 黏层

为加强路面沥青层与沥青层之间、沥青层与水泥混凝土路面之间的黏结而撒布的沥青材料薄层，称为黏层，或称为黏层沥青或黏层油。

黏层是加强面层间结合的一种措施。当符合下列情况之一时，必须喷洒黏层油：

（1）双层式或三层式热拌热铺沥青混合料路面的沥青层之间。

（2）水泥混凝土路面、沥青稳定碎石基层或旧沥青路面上加铺沥青层。

（3）路缘石、雨水口、检查井等构造物与新铺沥青混合料接触的侧面。

3. 封层

为封闭路面表面空隙、防止水分浸入而在沥青面层或基层上铺筑的有一定厚度的沥青混合料薄层，称为封层。其中，铺筑在沥青面层表面的封层称为上封层，铺筑在沥青面层下面、基层表面的封层称为下封层。当前广泛使用的封层有稀浆封层和微表处两种类型。稀浆封层是指用适当级配的石屑或砂、填料（水泥、石灰、粉煤灰、石粉等）与乳化沥青、外掺剂和水，按一定比例拌和而成的流动状态的沥青混合料，将其均匀地摊铺在路面上形成的沥青封层。微表处是指采用适当级配的石屑或砂、填料（水泥、石灰、粉煤灰、石粉等）与聚合物改性乳化沥青、外掺剂和水按一定比例拌和而成的流动状态的沥青混合料，将其均匀地摊铺在路面上形成的沥青封层。

稀浆封层和微表处在材料组成和使用功能上有差异，它们的主要作用有以下几个方面：

（1）混合料较细，具有较好的流动性，很容易进入微裂缝和小坑槽中，将路面填充密实成为整体。因此，它具有封闭裂缝和提高路面平整度的作用。

（2）混合料中集料级配合理，能均匀、牢固、密实地黏附在路面上，具有较好的水稳性，并能防止水分渗透，保持基层稳定。

（3）集料的强度、压碎值、磨光值、含泥量等性能指标均达到标准要求，不论是酸性和碱性石料都能很好地黏附在路面上，有一定的耐磨性，在路面上形成磨耗层。

（4）由于选择了坚硬而有棱角的集料，沥青能均匀地裹覆集料。封层后纹理深度较佳，摩擦系数显著增加，具有良好的抗滑性能。

（5）可恢复路面性能，延长路面使用寿命，在路面养护中具有施工简单、造价低廉、功能恢复强的特点。

（三）沥青表面处治的施工

沥青表面处治适用于三级及三级以下公路的沥青面层。各种封层适用于加铺薄层罩面、磨耗层、水泥混凝土路面上的应力缓冲层、各种防水和密水层、预防性养护罩面层。

沥青表面处治与封层宜选择在干燥和较热的季节施工，并在最高温度低于15℃到来以前半个月及雨季前结束。

沥青表面处治可采用道路石油沥青、乳化沥青、煤沥青铺筑，沥青标号应按现行施工技术规范相关规定选用。

1. 层铺法

以三层式沥青表面处治为例来说明层铺法沥青表面处治的施工工艺及技术要点。

（1）清扫基层、喷洒透层油。在清扫干净的碎（砾）石路面上或各类基层上铺筑沥青表面处治路面时，应喷洒透层油。在旧沥青路面、水泥混凝土路面、块石路面上铺筑沥青表面处治路面时，可在第一层沥青用量中增加10%~20%，不再另浇透层油或黏层油。

（2）撒布第一层沥青。施工时应采用沥青撒布车喷洒沥青。其撒布长度应与矿料撒布能力相协调。沥青要撒布均匀，当发现撒布沥青后有空白、缺边时，应立即用人工补撒，有积聚时应立即刮除。撒布设备的喷嘴应适用于沥青的稠度，确保能成雾状，与洒油管成15°~25°的夹角，洒油管的高度应使同一地点接收2~3个喷油嘴喷洒的沥青，不得出现花白条。

沥青撒布温度应根据施工气温以及沥青标号确定，一般情况下，石油沥青宜为130~170℃，煤沥青宜为80~120℃，乳化沥青宜在常温下撒布。加温撒布的乳液温度不得超过60℃。前后两车喷洒的接槎处用铁板或建筑纸铺1~1.5m，使搭接良好。分几幅浇洒时，纵向搭接宽度宜为100~150mm。撒布第二、三层沥青的搭接缝应错开。

（3）铺撒第一层主集料。撒布主层沥青后应立即用集料撒布机或人工撒布第一层主集料。撒布集料后应及时扫匀，达到全面覆盖、厚度一致、集料不重叠也不露出沥青的要求。局部缺料时应适当找补，集料过多的将多余集料扫出。两幅搭接处，第一幅撒布沥青应暂留100~150mm宽度不撒布石料，待第二幅一起撒布。

（4）碾压。撒布主集料后，不必等全段撒布完，立即用6~8t钢筒双轮压路机从路边向路中心碾压3~4遍，每次轨迹重叠约300mm。碾压速度开始不宜超过2km/h，以后可适当增加。

（5）第二、三层的施工方法和要求应与第一层相同，但可以采用8t以上的压路机碾压。

（6）初期养护。沥青表面处治施工后，应进行初期养护。当发现有泛油时，应在泛油部位补撒与最后一层矿料规格相同的嵌缝料并扫匀；当有过多的浮动矿料时，应扫出路外。

2. 拌和法

采用拌和法施工时，基层顶面应撒透层沥青、黏层沥青或做下封层，使面层和基层之间结合紧密，防止雨雪下渗。

1）施工流程

路拌法施工流程如下：

筛备矿料→施工放样、安装路缘石→清扫基层→沿路分堆布料→人工干拌级配矿料→掺入沥青并拌匀→摊铺、整形→碾压→初期养护。

场拌法施工流程如下：

熬制沥青→定量配料→集中机械场拌→运料⎫
卸料→摊铺、整形→碾压→初期养护。⎭ 施工放样、安装路缘石→清扫基层

2）注意事项

（1）双层式或单层式沥青表面处治浇洒沥青及撒布集料的次数应相应减少。

（2）喷洒沥青材料时，应对道路人工构造物、路缘石等外露部分做防污染遮盖。

（3）沥青表面处治施工应确保各工序紧密衔接，每个作业段长度应根据施工能力确定，并在当天完成。人工撒布集料时应等距离划分段落备料。

（4）除乳化沥青表面处治应待破乳、水分蒸发并基本成形后方可通车外，沥青表面处治在碾压结束后即可开放交通，并通过开放交通补充压实，成形稳定。在通车初期，应设专人指挥交通或设置障碍物控制行车，限制行车速度不超过 20km/h，严禁畜力车及铁轮车行驶，使路面全部宽度均匀压实。

（5）严格控制油石比。

3. 沥青表面处治路面施工过程中的质量控制

沥青表面处治路面施工过程中质量检查的内容、频度、允许偏差应

符合规定。

（四）沥青灌入式路面施工

沥青灌入式路面适用于三级及三级以下公路，也可作为沥青路面的连接层或基层。沥青灌入式路面的厚度宜为4~8cm，但乳化沥青灌入式路面的厚度不宜超过5cm。当灌入层上部加铺拌和的沥青混合料面层成为上拌下灌式路面时，拌和层的厚度不宜小于1.5cm。沥青灌入式路面的最上层应撒布封层料或加铺拌和层。沥青灌入层作为连接层使用时，可不撒表面封层料。

沥青灌入式路面宜选择在干燥和较热的季节施工，并宜在日最高温度降低至15℃以前半个月结束，使灌入式结构层通过开放交通碾压成形。

1. 施工工艺流程

灌入式路面施工工艺流程如下（实际施工时根据撒布嵌缝料和撒布沥青的遍数予以调整）：

清扫基层→喷撒透层或黏层沥青（乳化沥青灌入式或沥青灌入式厚度小于5cm）→摊铺主层矿料→碾压→撒布第一遍沥青→撒布第一遍嵌缝料→碾压→撒布第二遍沥青→撒布第二遍嵌缝料→碾压→撒布第三遍沥青→撒布封层料→碾压→初期养护。

2. 灌入式路面施工要点

（1）清扫基层，浇透层油或黏层油。乳化沥青灌入式路面必须浇透层油或黏层油，当沥青灌入式路面厚度小于等于5cm时，也应浇透层油或黏层油。

（2）摊铺主层矿料。采用碎石摊铺机、平地机或人工摊铺主层集料。铺筑后严禁车辆通行。

（3）碾压主层集料。集料撒布后，应采用 6~8t 的轻型钢筒式压路机自路两侧向路中心碾压，碾压速度宜为 2km/h，每次轮迹重叠约 30cm，碾压一遍后检验路拱和纵向坡度，当不符合要求时，应调整找平后再压。然后用重型钢轮压路机碾压，每次轮迹重叠轮宽的 1/2 左右，宜碾压 4~6 遍，直至主层集料嵌挤稳定，无显著轮迹。

（4）浇第一层沥青。浇洒方法与沥青表面处治施工相同。采用乳化沥青灌入时，为防止乳液下漏过多，可在主层集料碾压稳定后，先撒布一部分上一层嵌缝料，再浇主层沥青。

（5）撒布第一层嵌缝料。采用集料撒布机或人工撒布，撒布后尽量扫匀，不足处应找补。当使用乳化沥青时，石料撒布必须在乳液破乳前完成。

（6）碾压第一层嵌缝料。嵌缝料撒布后立即用 8~12t 钢筒式压路机碾压，轮迹重叠轮宽的 1/2 左右，宜碾压 4~6 遍，直至稳定。碾压时随压随扫，使嵌缝料均匀嵌入。当气温较高使碾压过程中出现较大推移现象时，应立即停止碾压，待气温稍低时再继续碾压。

（7）按上述方法浇第二层沥青、撒布第二层嵌缝料，然后碾压，再浇第三层沥青。

（8）按撒布嵌缝料方法撒布封层料。

(9) 采用 6~8t 压路机做最后碾压，宜碾压 2~4 遍，然后开放交通。

(10) 沥青灌入式路面开放交通后应按现行施工技术规范的要求控制交通，做初期养护。

3. 沥青灌入式路面施工过程中的质量控制

沥青灌入式路面施工过程中质量检查的内容、频度、允许偏差应符合的规定。

（五）沥青碎石与沥青混凝土路面施工

沥青碎石与沥青混凝土均应采用集中厂拌法拌和，并采用热板热铺法施工。

1. 施工工艺流程

热拌沥青混合料面层施工过程分为施工准备、施工和交工验收三个阶段。

2. 施工要点

1）施工准备

热拌沥青混合料结构层施工的准备工作包括制订施工方案、施工放样、混合料配合比设计、下承层准备、铺筑试验路段等。

（1）下承层准备。

铺筑沥青层前，应检查基层或下卧沥青层的质量，不符合要求的，不得铺筑沥青面层。旧沥青路面或下卧层已被污染时，必须清洗或经铣刨处理后方可铺筑沥青混合料。

(2) 施工温度的确定。

石油沥青加工及沥青混合料施工温度应根据沥青标号及黏度、气候条件、铺装层的厚度确定。

普通沥青混合料的施工温度宜通过在135℃和175℃条件下测定的"黏度—温度"曲线确定。当缺乏"黏度—温度"曲线数据时，可参照标准规定的范围选择，并根据实际情况确定使用高值或低值。当规定温度不符实际情况时，容许做适当调整。

(3) 施工机械的检查。

施工前应对沥青混合料拌和楼、摊铺机、压路机等各种施工机械和设备进行调试，对机械设备的配套情况、技术性能、传感器计量精度等进行认真检查、标定，并得到监理工程师的认可。

(4) 配合比设计检验。

热拌沥青混合料的质量很大程度上取决于其配合比设计，施工前应高度重视沥青混合料的配合比设计工作。热拌沥青混合料的配合比设计必须在对同类公路配合比设计和使用情况调查研究的基础上，充分借鉴成功的经验，选用符合要求的材料，进行配合比设计。沥青混合料的配合比设计应通过目标配合比设计、生产配合比设计及生产配合比验证三个阶段，确定沥青混合料的材料品种及配合比、矿料级配、最佳沥青用量。

正式开工前，各种原材料的试验结果，以及据此进行的目标配合比设计和生产配合比设计结果，应在规定的期限内向业主及监理工程师提出正式报告，待取得正式认可后，方可使用。

经设计确定的标准配合比在施工过程中不得随意变更。生产过程中应加强跟踪检测，严格控制进场材料的质量。生产过程中如遇材料发生变化并经检测沥青混合料的矿料级配、马歇尔技术指标不符合要求，应及时调整配合比，使沥青混合料的质量符合要求并保持相对稳定，必要时重新进行配合比设计。

2）沥青混合料拌制

沥青路面的质量与沥青混合料的质量密切相关，而沥青混合料拌制的质量直接关系着沥青混合料的质量，因此沥青混合料的拌制是沥青路面施工中非常重要的一个环节。

第五章　交通设施施工

完善的交通安全（如护栏、隔离、防眩、视线诱导设施，道路标志、标线，道路照明等）、管理设施（控制、监视、通信、数据采集处理等）、服务（服务区、加油站、公共汽车停靠站等）、收费（收费站等）、供电供水（公共管道）等交通工程设施是保证道路安全、高效运行的必要条件。若交通工程设施与道路不配套，尤其是高等级道路，即使道路本身的标准再高，也难以达到安全、快速、舒适、经济的效果。因此，交通工程设施是道路建设中的一个主要组成部分。国外在修建高等级道路时，该项投资的比例一般达到10%～15%，一些发达国家甚至更高。国内近几年高等级道路建设经验也说明，它为道路使用者提供了快速、舒适、经济的行车环境，提高了服务水平，减少了交通事故，降低了事故的严重度，对发挥高等级道路的作用具有重要意义。

高等级道路由于交通量大、车速快，它将比普通道路产生更严重的污染和噪声等问题，甚至还会破坏生态平衡。随着我国道路的迅速发展，道路沿线绿化及环境保护的问题越来越突出。

第一节　交通标志与标线施工

公路上的交通标志与标线是为道路使用者提供相关信息而设置的，应确保所传递的信息能最大限度地为道路使用者接受和理解，从而减少不幸事故的发生和避免在道路上迷失方向。它也是交通安全管理上必不可少的设施，对交通安全起着重要的作用。

交通标志与标线的有效性取决于目标显示度、易读性、公认度三方面。原则上要求标志与标线在夜间能具有和白天一样的可见性。标志与标线施工质量的好坏，不仅影响道路环境的美观，而且对其是否能充分发挥出使用功能起着决定性的作用。

一、视线诱导标志施工

视线诱导标志是指沿车道两侧设置的，用以指示道路方向、车行道边界及危险段位置的设施的总称。

（一）一般要求

（1）视线诱导设施属最后装饰性设施，一般在路面施工完成后进行；附着于护栏上的视线诱导设施，可在护栏安装过程中或在护栏安装完成后进行。立柱安装的混凝土基础也可提前施工，但必须控制好标高。

附着于护栏或其他构造物上的视线诱导设施，一般是在护栏安装后进行的。安装太早，特别是在公路还没有全封闭，没有正式移交给管理部门以前，这种设施很容易遭到破坏。

（2）安装施工开始前，应对全线视线诱导设施的埋设条件、位置、数量进行核对，并做出详细的施工组织设计。

（二）放样

（1）轮廓标应按设计图要求定位，附着于护栏上的轮廓标，可按立柱间距定位。

（2）分、合流诱导标和线形诱导标均应按设计图量距定位。

（三）混凝土基础

埋设于土中的轮廓标或诱导标均应浇筑混凝土基础。混凝土基础的施工应按设计图规定的尺寸定位、挖基。在浇筑混凝土前，基坑要进行整治，基底要压实，按规定绑扎钢筋，钢筋的规格、尺寸应符合设计规定。当满足规定后，先浇筑一层片石混凝土，厚度不应小于20cm；接着在片石混凝土上支模板，测定模板顶部的标高。当立柱与混凝土基础浇在一起时，则可将立柱放入模板中，固定就位后，即可浇筑混凝土。有关混凝土材料、拌和物的质量等要求应符合有关规定。混凝土浇筑完成后，应采取正常的养护措施，直到混凝土达到规定的强度。

若轮廓标柱体或立柱为装配式，则应预留柱体插入的空穴，或采用法兰盘连接。法兰盘连接的基础，其预埋的地脚螺栓和基础法兰盘位置正确，基础法兰盘应嵌进基础内（其上表面与基础顶面齐平）。混凝土浇筑后，应保证基础法兰盘标高正确，保持水平，地脚螺栓保持垂直，并用油纸和铁丝等将螺栓外露部分绑扎保护，防止锈蚀。

(四)安装

(1) 柱体式轮廓标,可在混凝土基础的预留空穴中安装,轮廓标柱体应垂直于地平面,柱体与混凝土基础之间用螺栓连接,其设置高度(指反射器的中心高度)应与附着式轮廓标的高度大致相同。三角形柱体的顶角平分线应垂直于道路中心线,在曲线上安装时,三角形顶角平分线应对向圆心。三角形柱体与混凝土之间用螺栓连接。

(2) 由于基础位置处于路面边缘,要求基坑开挖后应在24h内完成基础混凝土浇筑。附着于各类构造物上的轮廓标,按照放样确定的位置进行安装。可根据不同构造物,选择合适的支架和紧固件。反射器应尽可能与驾驶员视线垂直。安装高度宜尽量统一,连接牢固。

(3) 分、合流诱导标和线形诱导标应在基础混凝土达到设计强度的80%以上方可进行安装。当诱导标附着于护栏立柱上时,应先对立柱的位置、垂直度进行检查,达到要求后,才能安装诱导标的面板。采用抱箍和滑动螺栓把诱导标固定在立柱上。面板应与驾驶员视线尽量垂直,安装高度应满足设计要求,安装过程中应保持面板的平整度。

二、交通标志施工

交通标志可分为警告标志、禁令标志、指示标志和指路标志四种,其设置形式分为单柱式、双柱式、悬臂式、门式、附着式等几种。

交通标志施工包括标志的制作、标志的安装以及施工控制。

(一) 标志的制作

(1) 交通标志的形状、图案、颜色应符合规定。指路标志的汉字必须采用国家标准规定的字号字体，阿拉伯数字也应符合规定，不允许采用其他字体。

(2) 标志的边框外缘应有衬底色。衬底色规定为：警告标志黄色，禁令标志白色，指示标志蓝色，一般道路的指路标志蓝色，高速公路的指路标志绿色。

(3) 在不降低标志结构强度的前提下，为了方便标志板的制作，对警告标志、禁令标志和指示标志的底板，可不要求做卷边加固处理。

(4) 制作标志板的铝合金板厚度，如果受其他因素的影响，也可采用比设计图规定稍厚的板，但标志板的结构刚度不允许降低，标志板的总质量不允许出现对标志结构的力学性能计算不利的情况。

(5) 标志板与活动滑槽、卷边加固件的连接，在保证连接强度和标志板面平整、不影响贴反光膜的前提下可采用铆焊或点焊。

(6) 标志板外形尺寸，其长度和宽度的允许偏差为 0.5%，标志板的 4 个端面应互相垂直，其不垂直度不应大于±2°。

(7) 对于大型指路标志，考虑其在制造、运输、安装过程中的困难，宜采用拼接的方法。

(二) 标志的安装

(1) 标志安装位置、结构、板面应与设计图相符。只有当基础混凝土达到设计强度后，才允许承受全部计算荷载。

(2) 为减少标志板面对驾驶员的眩光，路侧设置的标志和悬空标志均应符合施工规范的要求，即在水平轴和垂直轴方向旋转约5°。

(3) 路侧设置的标志，标志板内缘距路缘石为50cm；悬臂或门架设置的标志，标志板下端距路面的净空高度不得小于5m。

(4) 所有标志立柱都应焊接柱幅，柱帽用钢板冲压而成。

(5) 标志板在运输、吊装过程中应避免板体反光膜的损伤。标志板平面翘曲的允许误差为±3mm/m。

(6) 立柱安装后应与地面垂直，其弯曲度不大于±2mm/m。

(三) 施工控制

(1) 使用的材料应符合设计及规范要求，并且要得到监理部门的认可。

(2) 运到现场的粘贴反光标志膜的标志，不得有龟裂裂纹、明显的划痕及明显的颜色不均匀。反光膜在任何一处面积为10cm×10cm的表面上若存在两个或两个以上面积大于$1mm^2$的气泡时，均不允许安装。

(3) 标志板面要保证4个单面垂直，其不垂直度不应大于±2°，不允许有超过规范要求±3mm/m的翘曲。

(4) 要对板面内的符号、字体、尺寸大小进行严格检查。

(5) 对于标志基础，由于有些标志立于回填的边坡上，因此要保证基础开挖后的基坑四周土不被扰动。在基础混凝土浇筑过程中要注意混凝土的捣实，以保证混凝土的质量，并且要保证预埋件不被移动。

(6) 标志在安装过程中，要对已完工的工程进行保护，同时标志处的路缘石、路面等要用保护物进行覆盖，以免引起污染和损坏。

（7）安装前运到现场的立柱，要认真检查其内、外径尺寸，镀锌层质量及厚度，要保证立柱外观镀锌或喷涂均匀美观，不要有花斑现象。

（8）在安装过程中要检查板面与水平轴或垂直轴的旋转角度，以及板面与道路的间距尺寸。若不符合要求，要及时调整。

三、标线施工

标线与道路标志共同对驾驶员指示行驶位置、前进方向以及有关限制，具有引导并指示有秩序地安全行驶的重要作用。常见的标线有车道线、停车线、人行横道线、导向箭头、分车线、路面边缘线、停车道范围、渠化（导流）划线等。所有这些组织交通的线条、箭头、文字或图案的颜色，原则上以白色为主，禁止停放车辆等禁令标线主要用黄色。

路面标线的施工有其特殊性，因此选择适合的标线材料及施工机具、方法是很必要的。

只有把涂料涂敷在路面上才能有效地发挥作用。涂料的发展是与涂敷技术的革新分不开的，由于涂敷技术的进步，才使得一些特殊的涂料得到设计和应用。

我国现采用的标线材料有油漆和热塑两种。油漆标线用于车行道边缘线和收费站标线。热塑标线用于永久性的车道分界线、横向标线、人字或斑马纹导流标线、出入口标线和车道导向箭头。

（一）一般要求

（1）材料。必须提供足够的样品用于试验检验，当检验合格后，监理工程师予以书面批准后方能使用。

（2）标线位置。应明确是以路中心线为基准线，还是以其他参照物为准（如护栏、大方砖边、路边等）。对于人字线，在画线前应用粉笔按设计图在路面放大样图，经驻地监理工程师检查符合设计要求后，方可开始施工。

（3）施工前应认真检查施工设备，尤其是热塑线的施工，要保证设备不发生泄漏现象，玻璃珠要能均匀撒布。

（4）对热塑线的施工，要注意材料的加热温度，并避免在已完工的路面上进行材料加热。

（5）画线前，应对准备画线的区域进行路面检查。路面画线区域必须干净，否则将影响黏结。画线的当天还要注意天气情况，当有雨、风、大气潮湿或气温低于4℃时不允许施工。

（6）对热塑线，在画人字线时，所使用的模具要平，以保证模具与路面紧紧粘住，使画出的线边缘整齐。在画虚线时，要保证画线车行走匀速、直顺，画出的线形要美观。对油漆线，要检查画线车速度，以保证喷涂油漆量、撒玻璃珠量均能符合规范要求。

（7）标线在施工完毕后，要对其进行保护，防止污染和破坏。

（二）施工与控制

1. 材料的技术要求

根据我国的实际情况，高速公路中通常使用的是标准检验材料。

2. 样品检查

用密闭容器将样品提交中心实验室进行试验，其数量为：道路标线漆 4L，用于道路标线漆的稀释剂 4L，热塑材料 2kg，用于热塑材料施工的黏层料 4L，球状玻璃珠 500mL。材料的试验应按照相关油漆试验方法进行。

（1）不挥发物质的含量。任何一批油漆不挥发性物质的含量应与批准的样品相同，相差应不大于 5%。

（2）浓度。任何一批油漆的浓度应和批准的样品相同，相差不大于 5%。

（3）颜料的要求。颜料的含铅量不大于 0.3%（如氯化铅），干燥时间（非黏着时间）不应超过 5min，覆盖能力至少是 $8.2m^2/L$。

（4）包装与贮存的要求。玻璃珠应包装在下列材料内：

①柔软耐磨损的黄麻袋，衬以焦油胶结纸和最小厚度为 10μm 的聚乙烯衬料。

②嵌入最小厚度为 100μm 聚乙烯衬料的聚丙烯编织抗滑袋，聚丙烯外壳应采用 Ciba-GeigyMB-100 或类似方法进行紫外线稳定处理。每一包装的净质量不得小于 25kg，不大于 35kg。当玻璃珠在不开口的包装袋贮存一年后，玻璃珠应不结块。

玻璃珠应是无机石英玻璃，无色、透明、能自由流动和耐稀盐酸，不透明的、乳色的、浅色的或其他物质的含量不能超过 2%。

3. 尺寸允许偏差

所有的路面标线位置应与图纸上规定的或监理工程师认定的位置相

差不大于10mm，纵向标线宽度应与图纸上规定的宽度相差不大于5mm。人字标线、箭头和限速标记的尺寸应与图纸上规定的尺寸相差不大于5mm。箭头和限速标记应正对着通车道的中心线。

4. 颜色

油漆标线的颜色应经过试验，即把油漆标线材料加压喷涂在一块洁净光滑的锡板上，喷涂率为 $8.2m^2/L$，放置30min后和标准色比较。

油漆喷涂于道路表面后，经使用应在3个月内没有显著褪色。以厚度为0.35~0.4mm湿漆薄膜喷涂在平滑的沥青混凝土路面时，任其干燥，由于油漆和路面黏结料的互相溶解和吸收，油漆不应出现明显的褪色现象。

5. 路面标记涂漆

喷漆时，道路表面应干净、干燥，喷漆工作应在白天进行。天气潮湿、灰尘过多、风速过大或温度低于4℃时，喷漆工作应暂停。

所有的纵向标线应由一种有效的自行式机械喷涂。喷枪的输漆量是8L/min。喷涂工作只能使用真空喷涂装置，此装置应把油漆加压到11kPa。为能顺利工作，使用的喷枪孔径是1.32mm。

油漆应喷涂均匀，湿漆膜厚度是0.35~0.4mm。

6. 热塑材料的施工

根据国外有关规范标准及实际施工经验，热熔涂料内所混玻璃珠含量以18%左右为宜。

在使用热塑材料之前，应把热塑材料放在一个合适的油熔锅内均匀加热至批准的温度。

所有纵向标线应由一种有效的自行式机械喷涂。热塑材料应均匀地涂敷,涂膜厚度为 1.5~2.0mm。所有的横向标线、图例、符号和箭头都应用样板涂敷。材料应均匀涂敷,涂膜厚度为 1.5~2.0mm,表面应平滑。

7. 玻璃珠的使用

玻璃珠应以 0.34kg/m^2 的用量加压撒布在所有的纵向标线上,撒布玻璃珠要在油漆或热塑材料喷涂后立即进行。玻璃珠的实际使用率应根据玻璃珠撒布器和喷撒作业的损失而调整,撒布方法应经监理工程师批准。

玻璃珠的使用率应通过野外试验检查,具体方法是:关闭油漆开关,精确地操作玻璃珠撒布器 10s 并测量玻璃珠的体积。当使用两个或更多的玻璃珠撒布器时,每个撒布器应单独检验。

8. 标线厚度检验

在施工过程中,应重视标线厚度的检测与控制。缺乏先进检测手段时,可将热塑材料涂敷后,取得样品进行厚度量测。

第二节　交通安全设施施工

一、护栏的施工

护栏设施属于道路的基础设施，它对减轻事故的严重程度，排除各种纵、横向干扰，提高道路服务水平，提供视线诱导，改善道路景观等起着重要的作用，特别是对充分发挥高等级道路安全、快速、经济、舒适的功能，具有特殊意义。

（一）护栏的分类

护栏按构造形式划分为柔性护栏、半刚性护栏和刚性护栏三类。护栏按设置位置划分为路侧护栏和中央分隔带护栏两类。护栏按材料划分为混凝土护栏和金属护栏两类。

（二）施工要求

护栏施工一般在路面施工完成后进行，但在施工前应预先做好施工组织设计及施工准备。护栏施工常用工具有打桩机、开挖工具、夯实工具、钳子、榔头及经纬仪、水准仪、卷尺等测量工具。

在立交桥、小桥、通道和涵洞等设施顶部遇有护栏立柱时，应在这些设施施工时准确设置预埋件。

护栏施工时，应准确掌握各种设施的资料，特别是埋设于路基中的各种管道。在施工过程中要谨慎操作，以免对地下设施造成损坏。

(三) 立柱位置放样

立柱位置放样应以道路固定设施如桥梁、通道、中央分隔带开口等为主要控制点定位。放样时可利用调整段调节间距，通过调整段调整后，立柱间距可能有不大于 2.5m 的间距零头数，可通过分配法将其调整至多根立柱。

为准确放样和保证护栏的线形，在条件允许时最好使用经纬仪、水准仪等测量仪器。

立柱位置放样后，应根据地基情况调整每根立柱的位置。如遇地下通信管线、泄水管等，或涵洞顶部埋土深度不足时，也应调整某些立柱的位置，改变立柱固定方式。

(四) 立柱安装

立柱安装应与设计图相符，并与道路线形相协调。立柱应牢固地探入土中，达到设计深度，并与路面垂直。

(1) 一般路段（如路肩和中央分隔带路基情况允许），立柱可用打入法施工。施工时应精确定位，将立柱打入土中至设计深度。当打入过深时，不得将立柱部分拔出加以矫正，须将其全部拔出，待基础压实后再重新打入。

(2) 无法采用打入法施工时，可采用开挖法或钻孔法埋设立柱。埋设立柱时，回填土应采用良好的材料并分层夯实（每层厚不超过 15cm），回填土的压实度不应小于相邻原状土。岩石中柱坑应用粒料回填并夯实。

(3) 护栏立柱设置于构造物中时，应在结构物施工时做好混凝土基础。采用预留孔基础时，应先清除孔内杂物，吸干孔内积水。将化好的沥青在孔底涂一遍，然后放入立柱，控制好标高，即可在立柱周围灌砂。在灌砂时一定要保持立柱的正确位置和垂直度。砂振实后，即可用沥青封口，防止雨水漏入孔内。采用法兰盘基础时，应将法兰盘和地脚螺栓、螺母清理干净，安装立柱时应控制立柱的方向和标高，调整其位置，经检查合格后，方可拧紧法兰盘地脚螺栓。

采用可抽换式基础时，承座器应先固定在构造物中，安装时把立柱插入其中，调整好高度，即可把迫紧器与承座器的连接螺栓拧紧，立柱即被锁固。

（4）沥青路面段设置立柱时，柱坑从路基至面层下 5cm 采用与路基相同的材料回填并充分夯实，余下部分采用与路面相同材料回填并夯实。立柱位置、标高在安装时需严格控制。

（5）考虑到护栏结构对景观及对驾驶员的视线诱导的影响，立柱就位后其水平方向和竖直方向应形成平顺的线形。

（6）渐变段及端部是护栏施工中需重点注意的部位，施工中应严格控制护栏立柱位置，以使其线形适顺。

（五）波形梁安装

波形梁通过拼接螺栓相互拼接，并由连接螺栓固定于立柱或横梁上。波形梁的搭接方向是安装的关键，搭接方向应与行车方向一致。如搭接方向与行车方向相逆，即使是轻微的擦碰，也会造成较大的损失。

波形梁在安装过程中应不断进行调整，因此不应过早拧紧其连接螺栓和拼接螺栓，否则将无法发挥板上长圆孔的调节作用。待调节完成后，应按规定采用高强螺栓并拧紧拼接螺栓，需严格控制扭矩。调整后的波形梁应形成平顺的线形，避免局部凹凸。

波形梁顶面应与道路竖曲线相协调。当护栏的线形认为比较满意时，方可最后拧紧螺栓。但应注意的是，连接螺栓不宜拧得过紧，以便利用长圆孔调节温度应力。

（六）横隔梁、防阻块及端头安装

（1）横隔梁安装。设有横隔梁的中央分隔带护栏，在立柱准确定位后安装横隔梁。横隔梁应平行于路面（垂直于立柱）安装。在波形梁安装之前，横隔梁与立柱间的连接螺栓不应过早拧紧，以便进行整体调节。当横隔梁与波形梁准确就位后，方可最后拧紧螺栓。

（2）防阻块安装。防阻块能防止立柱阻绊车轮，避免护栏局部受力和碰撞时车辆减速，因此应保证其准确就位。防阻块通过连接螺栓固定在波形梁与立柱之间，在安装调整立柱之后，即可安装防阻块，最后把波形梁装上并进行统一调整。

（3）端头安装。中央分隔带开口处的端头梁应与分隔带标准段的护栏连接，端头附近的立柱应按设计进行加强处理。路侧护栏开口处应安装端头梁并进行锚固。端头锚固主要包括钢丝绳锚固件及混凝土基础。钢丝绳采用规定规格在端部基础混凝土达到设计强度50%后，方可拧紧螺栓或固定缆索，否则会引起基础变形，造成绳索松弛。

（七）活动护栏的施工

采用钢管插入式活动护栏时，其基础埋设应与路面施工同步进行，预埋管件应采取保护措施，以防杂物掉入管内。钢管插入式活动护栏采用焊接成形，应使焊缝牢固、平顺，每片活动护栏应平整，尺寸正确，不能扭曲，应使钢管插拔自如。

活动护栏如采用抽换式立柱基础，则可使开口处的活动护栏达到正常路段的强度，其开放的灵活程度，只要拧松两根立柱的六个螺栓，即可抽出一块护栏。

（八）混凝土护栏施工

1. 混凝土护栏的预制施工

混凝土护栏的预制，应采用机械搅拌，并在指定的预制场进行。预制场地与一般的混凝土预制场地一样，并应满足以下条件：

（1）砂石料场、水泥仓库应分开，水泥仓库应有防雨、防潮设施，水泥充足，水质符合要求。混凝土拌和物运距不宜过远，拌和物质量应准确控制。

（2）混凝土护栏模板应符合要求，应设有规定存放、清理、保养的地点。

（3）混凝土护栏浇筑现场平整、坚实、不易集水。

（4）电源供应方便。

（5）起吊和运输设备满足要求、交通便利。

混凝土护栏的模板是预制过程中不可缺少的重要工具，它直接影响预制混凝土护栏的质量，要求形状、尺寸准确，接缝严密，有足够的强度和刚度，并且装拆方便，能多次周转使用。

混凝土护栏数量大时应采用钢模板。钢模板的长度一般应根据吊装运输的条件，尽量采用固定尺寸。其设计质量，一定要确保强度和刚度，在浇筑振捣过程中不允许变形，不得出现漏浆现象。根据国内外对混凝土护栏模板的使用经验，模板材料应采用高强度钢材，厚度不宜小于4mm。为了使混凝土预制块表面平顺、光滑，没有麻面等现象，钢模内侧面要抛光，拼接要紧密牢固，不得漏浆。在浇筑过程中，应把吊装孔、纵向企口、基础连接件、防眩、轮廓标附着件等预留件安装上。

混凝土搅拌站应与预制场配合设置，搅拌站应配备原材料、配料、拌和物质量控制的人员。搅拌机的容量应根据施工方法、工程量和施工进度等配置，并与预制场保持密切联系。

混凝土护栏应按块浇筑，每块护栏必须一次浇筑完成，不得间断，也不允许在已初凝的混凝土上再浇筑新的混凝土。

护栏采用钢模成型，机械振捣。由于护栏上口较小，插入式振捣不易密实，可采用附着式振捣器，以侧墙振捣为主，再辅以其他手段，应以拌和物停止下沉，不再冒气泡并泛出水泥砂浆为准，不宜过振。振捣时应辅以人工找平，并应随时检查模板。如有下沉、变形或松动，应及时修正。

预制混凝土护栏浇筑完毕后，应及时养护。为加快模板周转和施工进度，在停放 2~6h 后可进行蒸汽养护。蒸汽养护的升温、恒温、降温应遵守下列规定：

（1）采用硅酸盐水泥或普通硅酸盐水泥时，混凝土配制强度等级应比正常养护提高15%~20%；当采用低温养护（0℃以下）时，可仍按原规定。

（2）混凝土块浇筑完后，在蒸汽养护前应先停放2~6h，停放温度拟以10~20℃为宜。

（3）升温速度。混凝土护栏块属于较厚大体积构件，每4h升温不宜超过30℃。

（4）恒温时混凝土护栏块的温度一般不宜超过80℃；用矿渣硅酸盐水泥、火山灰质硅酸盐水泥或粉煤灰水泥拌制的混凝土，以75℃~85℃为宜。

恒温时间一般为8~12h（相对湿度80%~100%），采用低温养护时，应适当延长恒温时间。

（5）降温速度每小时不应大于15℃，构件温度与外界温度之差不应超过20℃。

（6）不得用蒸汽直接喷射混凝土。

从施工进度和经济角度考虑，模板周转越快越好。另外，拆模太早，护栏强度过低，由于自重的作用，护栏块会变形而被毁坏。因此，只有当混凝土护栏块强度达到设计强度的70%时，才允许拆模。

因为拆模时很容易损坏混凝土护栏块，因此规范规定拆模时不得损坏混凝土护栏的边角。另外，由于模板多次重复使用后可能会变形，因此规范规定每次使用模板前必须进行检验,只有满足精度要求时,才允许使用,这样才能使预制的护栏块满足要求。

护栏块的脱底模、移运、堆放以及吊装就位都是施工过程中的重要环节。如果处理不当,它会直接影响护栏的整体强度、稳定性以及外表美观等。根据国内外使用经验以及理论分析,一般混凝土块达到设计强度的70%时,就可以安装。起吊设备应根据护栏块的大小来选用,既要起重能力够,又不要浪费,严格按照操作规程起吊。混凝土护栏在运输、安装和起吊过程中,尽量不要损坏边角和外露的各个面。如有损坏,应及时用高于混凝土护栏强度的材料进行修补。

混凝土护栏在安装前应根据不同的基础处理方法做好基层。采用嵌锁基础时,应把半刚性基层做好,并在基层上加铺一层混凝土,标高符合要求,然后才能吊装护栏块。采用传力钢筋与基础连接时,应在达到密实度、标高要求的基层上,放样定位传力钢筋混凝土块,然后才能吊装护栏块。

混凝土护栏的安装应从一端逐步向前进行。全线中央分隔带护栏种类尽量要求一致,包括一般桥梁、通道的中央护栏,这样吊装护栏时间向前推进问题不大。如果中央分隔带护栏种类、形式不同,则必须要处理好过渡段的长度。护栏安装时应与公路中心线相一致,在曲线路段和竖曲线路段应与公路线形相协调。凡采用传力钢筋与基础连接的路段,要求放样精确,传力钢筋混凝土块的埋置必须与护栏底部的预留孔相符合。护栏块安装至各控制点的位置应精确测定,发现有长链(或短链)

时应尽早采用分配法处理。

2. 混凝土护栏的就地浇筑施工

混凝土护栏就地浇筑前，必须根据设计文件进行现场核对，并根据施工条件及水文、地质、气象等不同情况，采取相应的技术措施。

施工单位应根据设计文件及施工条件，确定施工方案，编制施工组织设计。施工前应解决水电供应、搅拌和堆料场地、办公生活用房、工棚仓库和消防等设施。

施工单位还应根据设计文件，复测平面和高程控制桩，据以定出护栏中心位置。

中央分隔带护栏沿公路长度方向的布设，主要受桥梁、通道、立交桥、隧道等的制约。因此，需要定好控制点，根据公路沿线构造物的实际情况合理布设。

混凝土护栏基层施工应符合下列要求：

（1）石灰稳定土基层，应做到土块粉碎，石灰合格，配料正确，拌和均匀，压密实。

（2）煤灰、粉煤灰、冶金矿渣等工业废渣类基层，应按其化学成分和颗粒组成，掺入石灰土或石渣组成混合料，加水拌和压实，洒水养护。

（3）泥灰结碎（砾）石基层，应严格控制泥灰的含量。施工可采用灌浆法或拌和法。

（4）级配碎（砾）石掺石灰基层，颗粒应符合级配要求。

（5）水泥稳定砂砾基层，砂砾应有一定级配，压实应在水泥终凝前完成。

浇筑混凝土护栏的模板应适合现场施工的要求，在有条件时可采用滑模施工。模板应具有足够的强度、刚度，拆装容易，施工操作方便安全，模板内部光滑，尺寸准确，可以多次重复使用。

混凝土护栏上的各种预埋件及受力钢筋应在混凝土浇筑前安装完毕。这些预埋件包括：护栏与防眩设施连接件，轮廓标连接件，吊装孔预埋钢管，纵向钢筋连接件，与基础连接的传力钢筋插入孔，横向排水的泄水孔等。各种预埋件经检查合格后方可浇筑混凝土。

混凝土拌和物还应符合下列规定：砂石料和散装水泥必须过秤，严格控制加水量。搅拌机装料顺序，宜为砂、水泥、碎（砾）石，或碎（砾）石、水泥、砂。进料后，边搅拌边加水。混凝土拌和物的最短搅拌时间应符合规范的规定。

每块护栏构件的混凝土必须一次浇筑完成，不得有间断面。混凝土拌和物的振捣应符合下列规定：

（1）以附着式振捣器为主，辅以插入式振捣器，表面用手工抹平。

（2）振动持续时间应以拌和物停止下沉，不再冒气泡并泛出水泥砂浆为准。

（3）振捣过程中应随时检查模板。如有下沉、变形或松动，应及时修正。

就地浇筑的混凝土护栏，采用湿治养护时，应符合下列规定：

（1）混凝土护栏脱模后，宜用草袋、草包等覆盖其表面，均匀洒水，经常保持潮湿状态。

（2）昼夜温差大的地区，为防止混凝土护栏产生收缩裂缝，应在混凝土浇筑 3d 内采取一定的保温措施。

（3）养护时间宜根据混凝土强度增长情况确定，一般宜为 14~21h。

就地浇筑的混凝土护栏，采用塑料薄膜养护时，应符合下列规定：

（1）薄膜溶剂具有易燃或有毒等特性，使用、贮运要注意安全。

（2）塑料薄膜的配比应严格遵照说明，必要时由试验确定。

（3）塑料薄膜施工，宜采用喷洒法。当混凝土表面不见浮水和用手指压无痕迹时，可选用喷洒，喷洒厚度宜以能形成薄膜为准。用量宜控制在每千克溶剂喷洒 3m² 左右。

（4）在高温、干燥、刮风时，在喷膜前后，应用遮阴棚加以遮盖。

（5）养护期间应保护塑料薄膜的完整，当破裂时应立即修补。

当混凝土拌和物温度在 30℃~35℃时，混凝土护栏的施工应按夏季施工规定进行：

（1）夏季施工，混凝土拌和物浇筑中应尽量缩短运输、摊铺、振捣等工序时间，浇筑完毕应及时覆盖、洒水养护。

（2）搅拌站应有遮阴棚，基层表面在浇筑混凝土前应洒水湿润。

（3）注意天气预报，如果降雨，应暂停施工。

（4）气温高时，宜避开中午施工，可在夜间进行。

根据当地多年气温资料，当室外日平均气温连续 5d 低于 5℃时，应按冬季施工规定进行：

（1）混凝土拌和物不得遭受冰冻，浇筑温度不低于5℃。

（2）冬季施工水泥应采用42.5级以上硅酸盐水泥或普通硅酸盐水泥，水灰比不应大于0.45。

（3）混凝土拌和物搅拌站应搭设工棚或其他挡风设备。

（4）当气温在0℃以下或拌和物浇筑温度低于5℃时，应将水加热搅拌，如水加热仍达不到要求，应将水、砂和石料都加热。在任何情况下，水泥不得加热。混凝土拌和物的运输、浇筑、振捣等工序应紧密衔接，缩短时间，减少热量损失。

（5）混凝土浇筑完毕后，应尽快保温养护，冬季养护不应少于28d。

（九）金属桥梁护栏的施工

金属桥梁护栏的施工方法和波形梁路段护栏基本相同。

1. 一般原则

（1）施工前做好详细的施工组织设计。

（2）应在桥梁行车道面板、人行道面板施工完成后，方可进行桥梁护栏的施工。

（3）护栏构件安装前，应进行质量检查和试验，只有被确认符合质量标准的护栏产品方能使用。

（4）应按护栏设计图纸或产品供货商提供的详细施工安装方法进行施工。

2. 放样及设置预埋件

（1）放样前应选择桥梁伸缩缝、胀缝附近的端部立柱作为控制点，并在控制点之间测距放样。

（2）立柱放样时，当间距出现零数时，可用分配的办法使之符合横梁规定的尺寸，构件等距设置。

（3）定位后，在桥面板（或人行道板）上准确地设置预埋件（如铆固螺栓或套筒），并采取适当措施，保护预埋件在桥梁施工期间免遭损坏。

3. 安装

（1）护栏安装前应对预埋件的位置进行复测，符合设计要求后方能安装立柱和横梁。

（2）安装前应做好施工场地的各项准备工作，安装过程中应特别注意控制螺栓扭矩、焊缝间距、桥梁伸缩缝和胀缝的设置间距。

（3）横梁和立柱的位置应正确无误。连接螺栓和拼接螺栓开始不宜过早拧紧，以便在安装过程中充分利用横梁和立柱法兰盘的长圆孔进行调整，使其线形顺适并不出现局部凹凸现象，方可最后拧紧螺栓。

（4）横梁、立柱等构件，在安装过程中应尽量避免损坏保护层。安装完成后，应对被损坏的保护层按规定的方法进行修复，并保持与原有层面一致，色调相同。

（5）对于焊接的金属护栏，所有外露接头在焊接后应做磨光或补满的清面工作。

（十）钢筋混凝土桥梁护栏施工

钢筋混凝土护栏的施工方法应按现行规定执行。但因混凝土表面在车辆与护栏碰撞时要能承受车辆的碰撞与摩擦，起到降低摩擦系数的作用，并要受气候变化影响小，故需提高混凝土表面的修整质量。

二、缆索护栏的施工

（一）一般要求

缆索护栏的安装施工，一般应在路面施工完成以后才准许开始，这是因为便于控制护栏标高和保证立柱周围土基础的密实度。端部立柱和中间端部立柱的混凝土基础，在不影响路面施工的情况下，也可先行浇筑混凝土。

施工安装前，应做出详细的缆索护栏施工组织设计，以便协调各方关系，合理组织力量，保证施工进度和质量。

施工前的各项准备工作，除各种材料（钢丝绳、立柱、托架、索端锚具）的准备，各种施工工具（钢丝绳切断器、张紧设备、锚固工具、打桩机、测量用具、饼子、锤子、扳手、铁锹、镐等）的准备外，还应详细研究有关施工图、工程地质、气象资料和地下管线或建筑物竣工图等技术资料。

（二）施工放样

（1）确定控制点。在放样前确定控制点是非常重要的。缆索护栏是沿道路设置的连接性结构，它们与道路上的各种构造物应该很好地协调配合。在大中型桥的桥的桥头，缆索护栏与桥梁护栏有一个过渡问题；在中央分隔带开口处和立交桥的进、出口匝道的合流处，缆索护栏有端头处理问题；在小桥、涵洞、通道处，有一个缆索护栏如何跨越的问题等。选择控制点的目的就是使护栏的布设更趋合理，施工更加方便。

(2) 立柱定位。在控制点的位置大致确定以后，可对照施工图的布设设计，对端部立柱、中间端部立柱、中间立柱的位置进行最后调整、定位。立柱位置确定以后，应详细了解地下管线、构造物的位置，以便进行合理的处理，以减少在护栏安装施工过程中的损失。

(三) 立柱的施工

1. 端部立柱和中间端部立柱的施工

立柱基础埋设于土中时，应根据混凝土基础的位置放样，根据放样线开始挖掘基坑，并严格控制基坑尺寸。达到规定标高后，待工程监理人员检查合格后，可开始铺砌基底的片石混凝土，经夯实后，立基础混凝土模板，其各部形状尺寸应正确，模板安装稳固，即可浇筑基础水泥混凝土。如果端部结构或中间端部结构的立柱是埋入式的，则应浇筑混凝土达规定标高以后安放立柱。为使端部立柱或中间端部立柱的位置和标高不致在混凝土振捣过程中走样，应采用适当的临时支梁；如果端部结构或中间端部结构的立柱是采用装配式的，则应在浇筑混凝土达规定标高后放置预埋件及临时支架。基础混凝土浇筑完成后，应注意对基础混凝土进行养生。直到混凝土强度能保证其表面及棱角不因拆除模板而受损坏时，方可拆除模板。拆模后如发现混凝土质量有问题，应立即报告施工监理工程师，商讨补救措施。处理合格后，才能进行基础回填，回填土分层夯实（每层不超过15cm），直至规定的标高。

端部立柱或中间端部立柱设置在桥梁、挡墙、涵洞、通道等人工构造物的水泥混凝土中时，应在构造物的水泥混凝土浇筑前，按设计图的要求支立模板，在孔穴周围配置钢筋，并与构造物的混凝土一起浇筑。尽量避免端部立柱或中间端部立柱的基础与各种人工构造物连在一起。

2. 中间立柱的埋设

中间立柱埋设于土中时，一般有以下几种施工方法：

（1）挖埋法。在设置中间立柱的位置挖孔穴，孔的直径不应小于20cm。达到规定深度后，放入中间立柱。定位后，用砂土分层回填夯实，每层回填土的厚度不得超过10cm。

（2）钻孔法（或开挖法）。在设置中间立柱的位置用螺旋钻孔机等机械钻孔，待钻孔达埋置立柱深度的一半左右时，再把立柱打到要求的深度。

（3）打入法。在设置中间立柱的位置直接用打桩机（气动打桩机、振动打桩机等）把立柱打入土中。立柱不应产生明显的变形、倾斜或扭曲。

上述施工方法可根据路基土质的不同情况进行选择。一般来说，打入法适用于路基土中含石料很少的路段，采用打桩机打入立柱，可以精确控制立柱的位置和打入的深度；路基土中含石料较多时，采用打入法施工控制立柱的位置和垂直度有一定困难时，可适当配合采用开挖法或钻孔法进行施工。采用钻孔法对于挖坑、打入均有困难的路段，可用螺旋钻机或冲击钻等钻具进行定位钻孔，杆孔直径在30cm左右。柱孔钻好后，要检查孔径、深度、垂直度，合格后，方可进行柱的埋设与安装。挖埋法适用于打入立柱有一定困难的路段。挖埋法可用人工挖孔，主要工具是钢钎和掏勺，柱孔直径在30cm以上，柱孔挖好后，要检查孔径、深度、垂直度，合格后，方可进行柱的埋设与安装。

（四）安装托架

中间立柱或中间端部立柱上安装的托架，应先确认缆索护栏的类别及相应的托架编号和组合，在核对无误后即可开始安装托架。

路侧缆索护栏的托架应朝向行车道，中央分隔带缆索护栏的托架应两边对称，并一起安装。

（五）缆索的架设

（1）架设缆索以前，应先检查端部立柱、中间端部立柱和中间立柱的位置是否正确，与基础连接的牢固程度，以及立柱的垂直度、标高等的误差情况。在基础混凝土强度达设计强度80%以上时，方可准许架设缆索。

（2）把缆索支放在端部立柱的旁边，可以用专门的滚盘或人工放缆索。在滚放缆索的过程中，应避免把整盘钢丝绳弄乱，不应使钢丝绳打结、扭曲受伤，应避免在路上长距离拖曳（以免擦伤镀锌层），直到把缆索从端部立柱的一端滚放到另一端的端部立柱或中间端部立柱。

（3）在安装缆索前，应从一头的端部立柱开始，先调节好端部立柱的索端锚具。把缆索一端松开，用楔子固定法或灌入合金法把缆索锚固。缆索固定在锚具上后，装上拉杆调节螺栓，并把索端锚具安装到端部立柱上。

（4）把索端锚具装到端部立柱上后，把拉杆螺栓调节好，就可顺着中间立柱把缆索临时夹持在托架的规定孔槽中，一直把缆索连接到另一端立柱或中间端部立柱上，这时的缆索完全处于松弛状态。

（5）利用缆索张紧设备临时拉紧。张紧设备可采用倒链滑车、杠杆式倒链张紧器或其他的张紧设备。

（6）在临时张紧状态下，就可根据索端锚具的尺寸确定切断缆索的正确位置，把多余的缆索切断。切断缆索的断面要垂直整齐，为防止钢丝松散，可在切断处两端用铁丝绑扎。缆索的切割可用高速无齿锯，以避免引起钢缆端部退火。

（7）缆索与索端锚具固定后，即可与拉杆螺丝连接，并安装到端部立柱上，这时可以卸除临时张拉力，钢丝绳就已经被紧紧地架设在护栏柱上了。

护栏的缆索应从上往下依次一根一根地安装，每根缆索的安装顺序都按上述的步骤进行，直至全部架设完毕。最后对全部拉杆螺栓再进行一次调整。

（8）缆索护栏的缆索最大长度为300m，因此在架设护栏时，每段以缆索长度（300m以内）为限。每段护栏的所有缆索应自上至下连续完成。每段护栏的缆索架设完毕后，应全面检查缆索的张紧程度。检查合格后，可逐个拧紧中间立柱托架上的索夹，把缆索的位置固定。同时，拧紧拉杆螺丝上的调整螺母，把缆索固定好。

参考文献

[1] 张军辉. 路基路面工程 [M]. 北京：机械工业出版社，2021.

[2] 汪华锋，李锋，闫秀珍. 路桥工程施工技术与实践 [M]. 长春：吉林科学技术出版社，2020.

[3] 陈春玲，刘明，李冬子. 公路工程建设与路桥隧道施工管理 [M]. 汕头：汕头大学出版社，2021.

[4] 文德云，彭富强. 路基路面施工技术 [M]. 北京：人民交通出版社，2006.

[5] 程述. 市政工程识图与构造 [M]. 2版. 北京：北京理工大学出版社，2021.